PASOS 2

an intermediate course in

Spanish

Activity Book

Rosa María Martín and
Martyn Ellis

3rd edition

HODDER
EDUCATION

PART OF HACHETTE LIVRE UK

Orders: please contact Bookpoint Ltd, 130 Milton Park, Abingdon,
Oxon OX14 4SB. Telephone: (44) 01235 827720;
Fax: (44) 01235 400454. Lines are open from 9.00–6.00, Monday to
Saturday, with a 24-hour message answering service.
You can also order through our website www.hoddereducation.co.uk

If you have any comments to make about this, or any of our other
titles, please send them to educationenquiries@hodder.co.uk

British Library Cataloguing in Publication Data
A catalogue record for this title is available from the British Library

ISBN 978 0 340 971208

First published 2002
This edition published 2008
Impression number   10 9 8 7 6 5 4 3 2 1
Year   2012 2011 2010 2009 2008

Hodder Headline's policy is to use papers that are natural, renewable
and recyclable products and made from wood grown in sustainable
forests. The logging and manufacturing processes are expected to
conform to the environmental regulations of the country of origin.

Cover photo © carmen sedano / Alamy
Typeset by Servis Filmsetting Ltd, Stockport, Cheshire
Printed in Great Britain for Hodder Education, a division of
Hachette Livre UK, 338 Euston Road, London NW1 3BH by
Martins the Printers, Berwick-upon-Tweed.

Contents

1

¿Recuerdas?

Sección A *Actividades*

1 Éstas son las respuestas que una
presentadora famosa de televisión da en
una entrevista. Tú eres el/la periodista.
Escribe las preguntas usando primero la
forma **tú** y después la forma **usted**.

12 Sí, por las tardes los
cuido yo, los baño y les
doy la cena.

1 El 27 de noviembre
de 1970.

2 Soy uruguaya,
de la capital,
Montevideo.

11 No. Por la mañana
presento mi programa de
televisión, pero por la
tarde soy ama de casa.

3 No, en una casa.

10 Es pequeña. Tiene
sólo tres dormitorios.

4 No, está en las afueras de
la ciudad. No me gusta el
centro.

9 A las siete de la mañana,
menos el domingo, me gusta
dormir hasta las diez.

5 No, estoy divorciada,
pero tengo hijos.

8 Leer y escuchar
música.

6 Tengo dos, un hijo
y una hija.

7 Sí, tengo tres
hermanas.

2 Escribe el texto completo usando las claves.

Empieza: *Se llama Laura …*

Laura / Colombia / Bogotá / soltera / dos hermanas / piso grande / cinco dormitorios / centro / ciudad / con familia / estudiante / universidad / Economía / también idiomas: inglés y portugués / trabajar / tardes / oficina / tiempo libre: cine, televisión, música, compras

3 Escribe un texto similar al de Actividad 2 sobre ti, con tu información.

Sección A *Gramática*

1 Selecciona el verbo adecuado del cuadro y pon la forma correcta en los espacios en blanco.

arreglar bailar bañar comer dormir ir ir jugar jugar nadar pasar preferir salir tomar volver volver

En verano, mis amigos y yo **1** .... todos los domingos a la playa y allí nos **2** .... en el mar, **3** .... a la pelota y **4** .... el sol. Mis amigos **5** .... en la playa, pero a mí no me gusta, yo **6** .... comer en un restaurante. Después de comer yo **7** .... a la playa y **8** .... la siesta mientras mis amigos **9** .... y **10** .... en el mar.
Por la tarde **11** .... todos juntos a casa y nos **12** .... y **13** .... a pasear o a cenar. Después, ya tarde, **14** .... todos a la discoteca y **15** .... hasta la madrugada. Lo **16** .... fenomenal.

2 Presentaciones: completa los diálogos.

1

SR. GARCÍA   Señora Rodríguez, le .... al señor Martín.

SRA. RODRÍGUEZ   .... , Señor Martín.

SR. MARTÍN   Mucho .... , Señora Rodríguez.

2

PEDRO Ana, ... es Juan, el hermano de María. Juan, ... es Ana, es amiga de tu hermana María.

JUAN   .... , Ana. Mucho ....

ANA   ¿Qué .... , Juan?

Secciones B y C *Actividades*

1 ¿Os gustan los deportes?
Primero une cada objeto (**1–9**) con su nombre (**a–i**) y después escribe el nombre del deporte en el que se usa.
Ejemplo: **1 i**   *tenis*

8

9

a un palo
b unos esquís
c un balón
d un gorro
e una portería

f un casco
g una canasta
h unos patines
i una raqueta

2 Mira los objetos de Actividad 1. Abajo hay una lista de una o más personas relacionadas con el deporte indicado. En cada nombre hay una de las señales siguientes:

✔ sí   ✔✔ mucho   ✘ no   ✘✘ nada

Haz frases usando **gustar** y **encantar**.

Ejemplo: yo ✔   mis padres ✘✘
A mi me gusta el tenis, pero a mis padres no les gusta nada. ➜

1 María ✔✔   su padre ✘
....

2 Manuel y Javier ✘   sus hermanos ✔✔
....

3 mi hermana ✘✘   mi madre ✔
....

4 Alicia ✔✔   su marido ✘✘
....

5 Alfonso y Ester ✔   sus padres ✘
....

6 Clara ✔✔   su hijo ✘
....

7 Gustavo ✘✘   sus padres ✔✔
....

8 mi padre ✔   mi tío ✘
....

3 Busca en la sopa de letras los opuestos a estas palabras:

simpatía, leal, sinceridad, decidido, divertido, bello, trabajador, generosidad, comprensión, alegre, romántico.

```
I Y J L S Q E W C Z P B
N A N T I P A T I A E V
T F F R I O N E E L R G
O J K A R T J Q G D E T
L P L I E A R P O M Z O
E I M D P S I I I E O P
R F E O T X P K S N S M
A B U R R I D O M T O N
N O D L H D M L O I E S
C Y C Q G A O I D R R Z
I G E W D P D S D A G F
A Q W S F Y C X G O H V
```

Secciones B y C *Gramática*

1 Une las preguntas con las respuestas.

Ejemplo: **1** ¿Os gusta el cine? + **f** Sí, nos gusta mucho.

1 ¿Os gusta el cine?
2 ¿Te gustan los fuegos artificiales?
3 ¿Les gusta la nueva casa?
4 ¿Os gustan las películas de Almodóvar?
5 ¿Le gusta la playa?
6 ¿Le gustan las montañas?
7 ¿Te gusta el verano en España?
8 ¿A tus padres les gustan tus amigos?
9 ¿A vosotros os gusta el baile?

a Sí, les gustan.
b Sí, nos encantan.
c No, no les gusta mucho.
d No, no me gustan nada.
e Sí, le encanta.
f Sí, nos gusta mucho.
g No, no le gustan mucho.
h No, no nos gusta mucho.
i Sí, me encanta.

2 Completa los espacios en blanco con los pronombres del cuadro. Observa el uso de **gustar** y **encantar** en el pasado: **gustó**, **encantó**.

le	le	les	les	me	mí	mí	nos	os

A La semana pasada mi mujer y yo estuvimos en Barcelona.

B ¿**1** .... gustó?

A Sí, mucho. A los dos **2** ....
encantó la ciudad. Fuimos a ver la Iglesia de la Sagrada Familia.

B Ana y yo fuimos a verla el año pasado. A
3 .... me gustó mucho, pero a Ana no **4** .... gustó nada.

A Pues a **5** .... no
6 .... gustó tampoco, es muy extraña, pero a mi mujer **7** ....
encantó.

B Mis hijos fueron a verla y también
8 .... gustó mucho. Pero lo que de verdad **9** .... encantó fueron las Ramblas.

3 Completa el cuadro con las palabras de la sopa de letras Actividad 3 (**Actividades**).

4 Mira los adjetivos del cuadro anterior y escribe las formas femeninas. Usa frases completas.

Ejemplo: Luis es simpático ➜ María es simpática pero Juana es antipática.

Secciones D y E *Actividades*

1 Lee las postales que te mandó tu amiga Luisa y escribe una carta a otro amigo contándole lo que hicieron Pepe y ella.

1

Hola. Te mandamos esta postal desde Mallorca. Nos gusta mucho la playa. Nadamos mucho y tomamos el sol. Bueno, Pepe no, no toma el sol porque no le gusta. Estamos en un hotel muy bueno. La comida nos encanta, sobre todo el pescado. Hasta pronto: Luisa

Cualidad: nombre	Cualidad: adjetivo	Defecto: nombre	Defecto: adjetivo
la simpatía	simpático	la antipatía	antipático
1			
2			
3			
4			
5			
6			
7			
8			
9			
10			

2

> Hola. Hoy voy yo sola a la capital de la isla, Palma de Mallorca, a ver la catedral y otros monumentos. A mí me encantan, pero a Pepe no le gustan nada los monumentos así que se queda en el hotel. Un abrazo: Luisa

Empieza: Hola, ¿qué tal? ¿Sabes que Pepe y Luisa fueron de vacaciones a Mallorca?...

3

> Hola. Hoy voy en un barco de excursión. A Pepe no le agrada viajar en barco porque se marea, así que se queda en la piscina del hotel. A los dos nos encanta la piscina del hotel y nos encantan las copas del bar de la piscina. Por las noches vamos a muchas fiestas en la discoteca del hotel. Nos gustan mucho las fiestas. Besos: Luisa

? a La actriz Ana Carrión habla sobre su vida. Lee lo que dice y completa su currículum (CV).

Ana Carrión: Ésta es mi vida

Nací en Barcelona en 1954 y estudié en un colegio privado muy caro, pero no era muy buena estudiante y a los dieciséis años me puse a trabajar de dependienta en una librería. Entonces descubrí que me gustaba leer, sobre todo obras de teatro. Hice un cursillo de teatro en 1973 y empecé a trabajar como actriz en 1974 en el teatro «Principal». Hice muchas obras de todo tipo, clásicas y modernas, y luego trabajé en el cine y en la televisión.

Me casé en 1977 y dejé de trabajar durante cuatro años. Tuve a mi primera hija en 1978 y a mi segundo hijo en 1979. Me di cuenta de que echaba mucho de menos el teatro, no puedo vivir sin trabajar en el teatro. No podía simplemente estar en casa y ser ama de casa, así que volví al teatro en 1981 con una obra de García Lorca titulada *Bodas de Sangre*.

Después fui a vivir a Londres durante cinco años, desde 1984 a 1989, y actué en musicales y en la televisión británica. Trabajé mucho y fue muy duro. Mis hijos eran aún pequeños y mi marido no me ayudaba absolutamente nada en casa, ni jugaba con los niños. Esto afectó muy negativamente a mi matrimonio.

Volví a España con mi familia en 1992 y ahora hago un programa de televisión española para niños que se llama *El Circo*. Me divorcié en 1991 y ahora vivo sola con mis hijos. Es una vida dura, pero interesante. En mi tiempo libre leo y hago deporte, pero muy poco, en realidad no tengo tiempo, pero leo bastante.

CURRÍCULUM

Nombre: Ana Carrión

Fecha de nacimiento: ....

Lugar de nacimiento: ....

Estado civil: ....

Número de hijos: ....

Profesión actual: ....

Experiencia anterior: ....

Pasatiempos (hobbies): ....

b Contesta las preguntas.

1 ¿Cómo empezó a interesarse por el teatro?
....

2 ¿Qué piensa de su vida familiar?
....

3 ¿Cómo ha cambiado la relación con su marido?
....

4 ¿Cómo era su vida en Londres?
....

5 ¿Cómo es su vida ahora?
....

Secciones D y E *Gramática*

1 Completa las frases con los verbos del cuadro en la forma correspondiente.

estar estar hacer hacer ir ir ir ir llover nevar visitar

1 Hoy no llueve, pero ayer .... mucho.
2 El mes pasado .... en la playa con mis padres, pero .... mucho frío.
3 La semana pasada .... al campamento con mis amigos, pero .... mucho viento.
4 Cuando Juan .... en Londres .... muchos lugares.
5 «Juan, ¿ .... a la catedral?» «No, no .... a la catedral.»
6 Hoy no nieva, pero hace dos semanas .... mucho y mis amigos y yo .... a esquiar.

2 Completa las frases con los verbos del cuadro en el pretérito indefinido.

estar estudiar estudiar ir morir nacer nacer nacer pintar venir

1 Goya .... en 1746.
2 El gran pintor .... muchos cuadros.
3 Los padres de Marta .... a vivir a la capital del país.
4 «¿Dónde .... tú?» «Yo .... en Madrid.»
5 «¿Dónde .... tú?» «Yo .... en el instituto Goya.»
6 Goya .... muy enfermo de mayor.
7 Mis tíos .... a vernos ayer.
8 Mi abuelo .... hace dos años.

2

¿En qué consiste tu trabajo?

Sección A *Actividades*

1 Lee la lista de profesiones y decide las cualidades que crees son necesarias para cada una.

a profesor   **d** programador
b piloto   **e** montañero
c artista   **f** vendedor

1 adaptable	**16** imaginativo
2 ágil	**17** independiente
3 atrevido	**18** lógico
4 analítico	**19** metódico
5 comunicador	**20** motivador
6 creativo	**21** negociador
7 cuidadoso	**22** ordenado
8 decidido	**23** paciente
9 discreto	**24** persuasivo
10 emocional	**25** práctico
11 enérgico	**26** seguro
12 exacto	**27** sensato
13 exigente	**28** tenaz
14 extravertido	**29** valiente
15 firme	

2 Debajo de cada profesión hay cuatro actividades que se realizan en ella. Pero las actividades están mezcladas. Pon las actividades correctas en la profesión correspondiente.

1 **Albañil**
a acompaña a un conductor
b cuida el césped
c tira paredes
d sugiere cambios de un texto

2 **Editor**
e prepara el cemento
f corrige pruebas de libros
g corta las ramas
h enseña las normas de circulación

3 **Jardinero**
i coloca ladrillos
j riega la hierba
k pide permisos para utilizar materiales
l da instrucciones

4 **Profesor de autoescuela**
m planta semillas
n habla con escritores
o trabaja en edificios
p muestra el uso de los mandos

Sección A *Gramática*

1 Escribe el femenino de los adjetivos que aparecen en Actividad 1 (**Actividades**).

Ejemplo: cuidadoso ➜ *cuidadosa*

2 Elige el verbo que corresponde a cada frase y ponlo en la forma correcta.

aprobar arreglar atender cortar dirigir enseñar hacer poner repartir tener teñir vigilar

1 Ayer nosotros .... cinco coches en el taller.

2 La semana pasada yo .... y .... el pelo de mi madre.

3 El año pasado el periodista .... numerosos reportajes.

4 El otro día las dependientas no .... bien a los clientes.

5 La policía de tráfico .... el tráfico en la autopista el fin de semana pasado y .... muchas multas.

6 Los empleados de correos .... huelga ayer y no .... las cartas.

7 El año pasado la profesora .... mucha gramática a los niños.

8 El director .... y .... el proyecto personalmente.

Sección B *Actividades*

1 Elige palabras del cuadro para rellenar el anuncio.

actuación adjunto asesoramiento asumir comunicación correo desarrollo dirección enviar facilitar formación gestión incorporación mano recoger requiere retribución similar Telecomunicaciones valorará vehículo

INGENIERO DE VENTAS

Funciones:

• **1** .... todas las responsabilidades en el campo de **2** .... asignado: **3** .... del tiempo y clientes.

• Comprobar y **4** .... el progreso de proyectos, **5** .... técnico, etc.

Se **6** .... formación de Ingeniero Técnico o Superior, preferiblemente en Electrónica, Electricidad o **7** .... Se **8** .... experiencia en funciones técnico comerciales, preferible en sector **9** .... **10** .... en inglés imprescindible.

• El puesto ofrece la **11** .... en una organización de probada y elevada calidad, **12** .... constante y **13** .... profesional, plan de **14** .... atractivo, **15** .... de empresa.

• Las personas interesadas deberán cumplimentar a **16** .... el documento **17** .... y enviarlo por **18** .... urgente. También pueden llamar al 7885670 para **19** .... personalmente dicho cuestionario.

• **20** .... antes del día 27 de noviembre a la siguiente **21** .... :

Telectrónica S.A.
Departamento de selección de personal
Calle Aznar, 92
Zaragoza 50012

2 Lee la siguiente carta de petición de empleo y completa el currículum con los datos.

Muy señores míos:

Con relación al puesto de gerente de su agencia de viajes, anunciado en el periódico *La Tarde*, el día 10 de este mes, paso a informarles de mis estudios y mi experiencia. Terminé mis estudios de Turismo hace tres años, a los veintitrés años, y fui a trabajar a Inglaterra durante seis meses como recepcionista en un hotel. Al mismo tiempo perfeccioné mi inglés, idioma que conozco perfectamente. Al volver a España trabajé como empleada en una agencia de viajes, atendiendo a los clientes y al cabo de unos meses me ascendieron a gerente. El verano pasado hice un curso intensivo de francés, hasta nivel intermedio. También estudié un máster en Relaciones Públicas el año pasado. He asistido a tres cursillos de perfeccionamiento y a cinco conferencias sobre el tema. Soy una persona muy trabajadora y abierta.

Me gusta mucho la lectura y el cine y me encanta viajar. Les estaré muy agradecida si me dan la oportunidad de una entrevista. Esperando su respuesta, les saluda atentamente.

Marta Jimeno Pérez

CURRÍCULUM VITAE

Nombre: **1** ....

Dirección: Avda. Constitución, 19

Teléfono: 2369839

Fecha de nacimiento: el 5 de junio de 19XX

Lugar de nacimiento: Tarazona

Edad: **2** ....

Nacionalidad: española

Formación (Estudios oficiales y otros): **3** ....
....
....
....

Idiomas: **4** ....
....

Experiencia profesional: **5** ....
....
....

Personalidad: **6** ....
....

Otros datos de interés y aficiones: **7** ....
....
....
....

Sección B *Gramática*

1 Escribe los verbos del cuadro en las frases correspondientes.

> deseamos   le encanta   le importa   les interesa   me gustaría   puede   quiere

1 A mí .... trabajar en empresas como la suya.
2 Pedro .... más información sobre su empresa.
3 A mi hermana .... la idea de trabajar para ustedes.
4 Nosotros .... prosperar en nuestra profesión.
5 A ellos .... saber algo más sobre su compañía.
6 ¿ .... usted enviarme información sobre el puesto?
7 ¿ .... darme su dirección?

2 Sustituye los infinitivos de los verbos por el presente.

1 En mi trabajo .... (conducir) camiones.
2 Nosotros .... (realizar) los repartos de pedidos.
3 Yo .... (disponer) de carnet de conducir.
4 María .... (atender) las llamadas de los clientes.
5 ¿ .... (Dirigir) tu propio equipo de ventas?
6 Los directores se .... (responsabilizar) de aumentar las ventas.
7 La empleada .... (demostrar) gran iniciativa.
8 ¿Ustedes .... (pertenecer) al departamento de ventas?

Sección C *Actividades*

1 Sustituye los pronombres personales por las frases correspondientes del cuadro.

Ejemplo: Les di unos caramelos. ➜ Di unos caramelos a los niños.

> a los niños   a mi hija   a mi madre   a mi marido   a mi novia   a mi novio   a mi padre   a mis amigas   a mis jefes   a mis tías

1 Lo conocí hace dos años en una fiesta y vamos a casarnos.
2 Lo fui a buscar al aeropuerto con mis padres.
3 Los encontré en la puerta del colegio.
4 La conocí en el trabajo y empezamos a salir muy pronto.
5 La llevé al cine a ver una película de dibujos animados.
6 Le llevé un regalo y se puso muy contenta.
7 Le compré una corbata para su cumpleaños.
8 Las vi en el pueblo, son hermanas de mi madre.
9 Les di el informe ayer.
10 Las llamé por teléfono para salir a bailar.

2 Lee la carta en la página 11 y sustituye las palabras subrayadas por los pronombres personales correspondientes.

Muy señor mío:

Escribo <u>a usted</u> para pedir el puesto de trabajo que ofrece en su anuncio del periódico del lunes. ¿Puede enviar <u>a mí</u> la información necesaria? Enviaré mi currículum por correo a su secretaria y, si no importa <u>a usted</u>, llamaré <u>a su secretaria</u> y preguntaré <u>a su secretaria</u> más detalles sobre el puesto.

Saludo <u>a usted</u> atentamente

Sección C *Gramática*

1 Sustituye los nombres de cada frase por pronombres personales.

Ejemplo: Pedro dio un regalo <u>a tu hermana</u>. ➔ *Pedro le dio un regalo.*

1 Daremos el puesto <u>a este candidato</u>.
2 Escribí el informe <u>para la directora</u>.
3 Llamé <u>a mis hermanas</u> ayer.
4 Compré zapatos <u>para mis hijos</u>.
5 Invitamos <u>a los directores</u> a la fiesta.
6 Conseguí las entradas <u>para tus amigas</u>.
7 Envié mi nueva dirección <u>a tus primos</u>.
8 Vi <u>a tu madre</u> en el mercado.

2 Contesta las preguntas sustituyendo los nombres subrayados por los pronombres personales. Da respuestas afirmativas.

Ejemplo: ¿Invitaste <u>a tus primas</u> a la fiesta? ➔ *Sí, las invité a la fiesta.*

1 ¿Viste <u>a Pedro</u> ayer?
2 ¿Compraste el periódico <u>a tu padre</u>?
3 ¿Encontraste <u>a tus hijos</u> en la tienda?
4 ¿Devolviste la cartera <u>a Luis</u>?
5 ¿Viste <u>a María</u> en el mercado?
6 ¿Pagaste el vestido <u>a la dependienta</u>?
7 ¿Dieron el empleo <u>a Juan</u>?
8 ¿Llamaste <u>a tus amigos</u> anoche?

Sección D *Actividades*

1 Pon en orden las frases.

Ejemplo: meses / novio / hace / mi / que / español / tres / estudia ➔ *Hace tres meses que mi novio estudia español.*

1 años / dos / trabajo / misma / hace / empresa / que / en / la
....
2 hace / vivo / tres / aquí / que / años
....
3 enferma / meses / hace / estoy / que / dos
....
4 diez / años / vivimos / casa / en / esta / hace / que
....
5 dos / que / novios / somos / años / hace
....
6 seis / mi / a / hace / conozco / vecino / meses / que /
....

2 Cambia las frases de la Actividad 1 usando **desde hace**.

Ejemplo: Hace tres meses que mi novio estudia español. ➔ *Mi novio estudia español desde hace tres meses.*

3 Mira los dibujos y escribe la historia de Ana.

Ejemplo: Hace diez años que Ana fue a vivir a Barcelona.

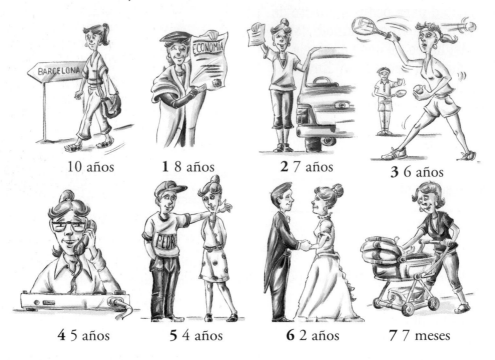

10 años   **1** 8 años   **2** 7 años   **3** 6 años

4 5 años   **5** 4 años   **6** 2 años   **7** 7 meses

Sección D *Gramática*

1 Elige **desde** o **(desde) hace**.

1 Vivo aquí .... 1998.
2 Mi hijo estudia en ese instituto ....
  dos meses.
3 Ha adelgazado mucho .... que estuvo
  enferma.
4 No he visto a mi hermano .... su
  cumpleaños.
5 Vamos de vacaciones a la misma playa
  .... varios años
6 Como en el mismo restaurante .... el
  año pasado.
7 Está casado .... muchos años.
8 Tengo este trabajo .... el seis de
  enero.
9 Trabajan en la misma empresa ....
  más de quince años.
10 No voy a su casa .... que nos
  enfadamos.

2 Transforma las frases que has escrito en
Actividad 3 de la Sección D
(**Actividades**).

Ejemplo: Hace diez años que Ana fue a
vivir a Barcelona. ➜ Ana fue a vivir a
Barcelona hace diez años.

3 Ahora transforma las mismas frases usando
el presente (deberás cambiar algunas
palabras).

Ejemplo: Hace diez años que Ana fue a
vivir a Barcelona. ➜ Hace diez años que
Ana vive en Barcelona.

Sección E *Actividades*

Une las palabras y frases de la Lista A con las de la Lista B para formar algunas frases que pueden decirse en una entrevista.

Ejemplo: 1 f

Lista A	Lista B
1 Trabajé	**a** a los clientes.
2 Estuve	**b** a mucha gente.
3 Recibí	**c** conocimientos de informática.
4 Hablé	**d** documentos.
5 Escribí	**e** emails.
6 Colaboré	**f** en equipo.
7 Archivé	**g** en la base de datos.
8 Hice	**h** en la recepción.
9 Conocí	**i** en varios proyectos.
10 Aprendí	**j** fotocopias.
11 Adquirí	**k** muchas cosas nuevas.
12 Trabajé	**l** por teléfono con compañías.

Sección E *Gramática*

1 Pon los verbos de cada pregunta de la entrevista en el pasado. Luego contesta las preguntas usando los datos entre paréntesis.

Ejemplo: ¿Cuándo (terminar) usted sus estudios? (1998) ➔ *¿Cuándo terminó usted sus estudios? —Terminé mis estudios en 1998.*

1 ¿En qué fecha (empezar) usted a estudiar en la universidad? (junio 2000)

....

2 ¿Qué carrera (estudiar) usted? (Economía)

....

3 ¿Dónde (aprender) usted a hablar francés? (Universidad de Toulouse)

....

4 ¿(Tener) usted algún puesto de responsabilidad en su trabajo anterior? (no)

....

5 ¿Dónde (hacer) usted sus estudios secundarios? (Madrid)

....

6 ¿Cómo (enterarse) usted de la existencia de este puesto? (periódico)

....

2 Escribe ahora las preguntas de la entrevista con la forma **tú**.

Ejemplo: ¿Cuándo terminar (tú) tus estudios? ➔ *¿Cuándo terminaste tus estudios?*

3

¿Qué harás?

Secciones A y B *Actividades*

1 Estas personas hablan de un posible futuro. Une las frases de las dos listas.

Ejemplo: **1** Si saco buenas notas + **e** iré a la universidad.

Lista A

1 Si saco buenas notas
2 Si hago una buena entrevista
3 Si llueve
4 Si no vienes
5 Si me dan el trabajo
6 Si bebes más
7 Si no comes
8 Si no llegan a tiempo

Lista B

a tendrás hambre.
b no saldremos.
c ganaré mucho más.
d no podré ayudarte.
e iré a la universidad.
f no verán la película.
g no podrás conducir.
h me darán el trabajo.

2 Lee la información sobre México en la página siguiente encontrada en un folleto de viajes. ¿A qué ciudad(es) vas para . . .?

1 comprar ropa   Taxco................
2 practicar deportes ....

3 realizar viajes de placer por el mar
....
4 comprar objetos para el hogar
....
5 subir a una cima muy alta
....
6 trabajar para la industria del metal
....
7 ver animales y plantas de la selva
....
8 ver las maravillas submarinas
....
9 viajar en barco ....
10 visitar monumentos religiosos cristianos
....
11 ir a unas playas internacionalmente
conocidas ....
12 bailar y divertirte ....
13 beber y comer productos típicos de la zona
....
14 comerciar con una ciudad marítima
....
15 comprar joyas y objetos típicos
....
16 estudiar si eres artista ....
17 hacer fotos de edificios de la época
española ....
18 hacer negocios ....
19 visitar ruinas precolombinas
....
20 nadar en el mar ....
21 ir a los mercados ....

DE VIAJE POR MÉXICO

Acapulco

Ciudad situada en la costa del Pacífico, es uno de los lugares turísticos más famosos del mundo, con sus maravillosas playas de arena fina y una infinidad de actividades para el turista. Tiene grandes y modernos hoteles y restaurantes.

Taxco

Está en el sur de México, en el estado de Guerrero. Son famosas sus minas de plata, el acero, el cobre y las piedras semipreciosas. Las principales industrias de la localidad son la joyería de plata y otras actividades artesanas. También se producen textiles y muebles. Tiene una famosa escuela de arte.

Oaxaca de Juárez

Es una ciudad con un bello estilo colonial. Los edificios más representativos de la ciudad son la iglesia del convento de Santo Domingo del siglo XVII, y la catedral, construida en el siglo XVIII. En Oaxaca se celebra la famosa fiesta de la Guelaguetza, a finales de julio, con fabulosos espectáculos de música, danza y cantos. Esta fiesta tiene su origen en celebraciones de los tiempos prehispánicos.

Yum Balam

Zona situada en la parte nororiental de la península de Yucatán, al sureste de México, es un área de protección de flora y fauna. Tiene un clima cálido y húmedo, con lluvias durante todo el año. En esta zona hay selvas y se encuentran animales como el jaguar, el puma o el mono araña.

Malinalco

Es una ciudad que pertenece al estado de México. Su clima es templado y en la zona se produce café, caña de azúcar y frutas de tierra templada y tropical. En esta zona se hallan también ruinas prehispánicas.

Cuernavaca

Tiene un carácter principalmente turístico y comercial, con grandes y famosos mercados. También tiene actividad agrícola e industrial. En la zona se encuentra el templo pirámide azteca de Teopanzolco.

Durango

Es un importante centro minero, dedicado a la extracción de hierro. Es, además, importante nudo de comunicaciones, pues enlaza la región del interior con la costa del Pacífico, centro manufacturero, comercial y turístico.

El pico de Orizaba o Citlaltépetl

Es la cumbre más elevada de México, y se encuentra en el estado de Veracruz. De origen volcánico, está situado por encima del nivel de nieves perpetuas, a 5.743 m de altitud. La zona es un parque nacional.

Puerto Vallarta

Situada en el estado de Jalisco, es una zona muy turística en la que se puede practicar el senderismo y la pesca y una variedad de paracaidismo 'acuático' con lancha. Es también un lugar ideal para hacer excursiones en barco a las islas cercanas.

Tulum

Fue una de las ciudades mayas más importantes. Está situada en la costa noroeste de la península de Yucatán, México. Las ruinas de ciudades como Tulum revelan aspectos fascinantes de la cultura maya.

Veracruz

Situada en la costa del golfo de México, es el principal puerto del país. Su actividad económica es de gran importancia gracias a su situación geográfica.

Isla Mujeres

Situada en el Mar Caribe, tiene un clima cálido subhúmedo. Es una zona de arrecifes con una gran abundancia de peces y algas. En esta zona se puede practicar el buceo y hacer recorridos en lancha por los arrecifes.

3 Mira los símbolos de los servicios que ofrece un camping y busca en la sopa de letras las palabras que corresponden a cada uno.

```
T B T F Y N W M H X C E
L P L A N C H A V P A C
D A M R L M X L L E R A
Q P V M Y L T G K L A J
V T S A Z U E R G U V A
F C P C N B G R F Q A F
O O U I A D I J E U N U
R R I A J K E O K E A E
F R E G A D E R O R S R
N E N A H T D Q I I U T
S O Z P I S C I N A C E
E S G A S O L I N E R A
```

Secciones A y B *Gramática*

1 Usa las frases de Actividad 2 (**Actividades**) para escribir frases (de **1** a **6** en singular, de **7** a **10** en plural).

1 Taxco
Si voy a Taxco compraré ropa.
....

2 Puerto Vallarta
....

3 Isla Mujeres
....

4 Taxco
....

5 Pico Orizaba
....

6 Durango
....

7 Yum Balam
....

8 Isla Mujeres
....

9 Puerto Vallarta
....

10 Oaxaca
....

11 Acapulco
....

2 Completa los espacios en blanco que hay en la carta. Si quieres puedes usar los verbos que hay en el cuadro y ponerlos en la forma correspondiente.

alojar bañar cenar comprar dar
estar estar estar hacer hacer ir ir
ir llamar llegar poder poder
quedar querer tener tener ver

Querido amigo:

Creo que dentro de unos días 1 .... un viaje de negocios a España. Si 2 .... a Barcelona te 3 .... para vernos y pasar algún rato juntos.

Si me 4 .... bastante dinero para gastos me 5 .... en un hotel muy bueno que hay cerca del puerto y así 6 .... cerca de tu casa.

Seguramente 7 .... por la mañana y si 8 .... libre hasta la tarde, 9 .... comer juntos a mediodía. Si 10 .... que ir directamente a la oficina nos 11 .... por la noche.

Si 12 .... libre el fin de semana completo, 13 .... al pueblo a ver a mis tíos. Si 14 .... buen tiempo me 15 .... en la playa y me 16 .... un par de noches en casa de mis tíos.

¿17 .... venir conmigo si 18 .... ? A mis tíos les gustaría verte.

Si 19 .... juntos al pueblo, una noche 20 .... en el restaurante Vallés que nos gusta tanto. Si 21 .... abierta la bodega 22 .... unas botellas de vino para llevarme a la ciudad.

Secciones C, D y E *Actividades*

1 Lee las descripciones de muebles y objetos que puedes encontrar en un apartamento y di qué mueble u objeto es. Si quieres puedes mirar el cuadro de abajo para ayudarte.

1 Sirve para sentarse más de una persona y normalmente lo ponemos en el salón. ....

2 Sirve para guardar los libros. ....

3 Sirve para guardar la ropa y se encuentra en el dormitorio. ....

4 Sirve para sentarse una persona para ver la televisión o descansar. ....

5 Sirve para llevar platos, tazas, etc. de un cuarto a otro. ....

6 Da luz al cuarto. ....

7 Se puede hacer los deberes o escribir cartas encima de este mueble. ....

8 Comemos en este mueble. ....

9 Sirve para sentarse una persona a comer. ....

10 Este mueble se encuentra al lado de la cama. ....

11 Colgamos los trajes, los vestidos y las chaquetas aquí. ....

---

el armario   la bandeja   el colgador
el escritorio   la estantería   la lámpara
la mesa   la mesilla   la silla   el sillón
el sofá

2 Completa el cuadro con la información de
los artículos.

Lugar	Ibiza	Pirineos	Guatemala
Duración			
Cuándo			
Alojamiento			
Comidas			
Precio			
Tipo de vacaciones (playa, etc.)			
Actividades (compras, etc.)			

Ibiza

Viaje de dos semanas a Ibiza. Inolvidables vacaciones que tendrán lugar en julio. En vuelo charter. El viaje incluye también alojamiento y desayuno. Las salidas se harán desde Barcelona los domingos. El precio para las dos semanas es de mil doscientos euros. El hotel, de tres estrellas, está al lado de la playa y de las tiendas y diversiones nocturnas. Este viaje no es para los que prefieren la tranquilidad y el silencio. Pero si quieres divertirte, ya sabes, diversión segura. Allí podrás bailar hasta altas horas de la madrugada y dormir en la playa a la mañana siguiente. También podrás comprar objetos de todo tipo en sus mercados callejeros.

Pirineos

Este viaje es una oferta ideal para los tranquilos, los que prefieren el silencio y la tranquilidad. Es un viaje a las montañas de los Pirineos, al norte de España. Allí podréis dar paseos y hacer excursiones, o simplemente tomar el sol o nadar al lado de la magnífica piscina del hotel de cuatro estrellas, muy bueno, por cierto, que tiene todas las comodidades necesarias para pasar unos días inolvidables. El precio de ochocientos euros es por una semana, en junio, todo incluido, en media pensión y en habitación doble. Habrá un suplemento del veinte por ciento para las habitaciones individuales.

Guatemala

Os ofrecemos un viaje de aventura, distinto. Catorce días de expedición a Guatemala, donde visitaréis los famosos volcanes, las selvas, los pueblos indígenas. También podréis comprar su famosa artesanía en los magníficos mercados de ciudades como Antigua. Saldréis en grupos de quince y viajaréis en coche todo-terreno. Dormiréis en campings y la comida es vegetariana. El precio es de dos mil quinientos euros, todo incluido, en pensión completa. Saldréis en marzo. Sólo para aventureros. Si te gusta la vida cómoda este viaje no es para ti.

Secciones C, D y E *Gramática*

1 Une las dos partes de cada frase.

Lista A
1 Si no tienes paraguas
2 Si no traen sus libros
3 Si tu coche está en el taller
4 Si no sabe usar mi ordenador
5 Si ha terminado de limpiar la habitación
6 Si ha perdido mis notas

Lista B
a podrá limpiar la mía.
b me tendrá que prestar las suyas.
c podrás usar el mío.
d podrás conducir el nuestro.
e tendrá que usar el suyo.
f tendrán que usar los nuestros.

2 Transforma las frases.

Ejemplo: Éstos son mis libros. ➡ Estos libros son míos.

1 Ésta es mi cartera. ....
2 Éste es vuestro coche. ....
3 Éstas son tus casas. ....
4 Éste es mi bolígrafo. ....
5 Éstos son sus documentos. ....
6 Éstas son nuestras bolsas. ....

3 Transforma las frases.

Ejemplo: esta cartera (de ella) ➡ Esta cartera es la suya.

1 este cuadro (de nosotros) ....
2 estas gafas (de Pedro) ....
3 este coche (de mi padre) ....
4 estos libros (de vosotros) ....
5 esta blusa (de María) ....
6 estos billetes (de mis padres) ....
7 estas maletas (de ti) ....

4

¿Qué has hecho?

Secciones A y B *Actividades*

1 Une las palabras de la lista A con las de la lista B para formar frases completas.

Lista A

1 Se debe estar en silencio
2 No se puede pisar la hierba
3 Se puede pasar por este camino
4 Se tiene que viajar en coche
5 No se puede andar por el camino
6 No se debe tirar la basura
7 No se puede fumar
8 Se debe llegar puntual
9 No se puede aparcar
10 No se permite hablar

Lista B

a a clase.
b con el conductor.
c en el campo.
d en esta calle.
e en ningún lugar público.
f porque es público.
g porque ha llovido mucho.
h porque la han puesto hace poco.
i porque no hay autobús.
j todo el tiempo que dure la clase.

2 Las partes de un coche. Haz el crucigrama.

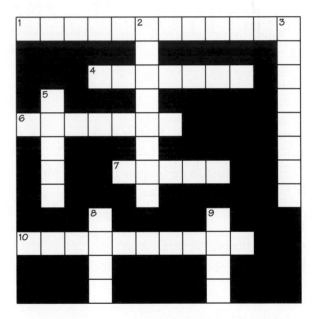

Horizontal

1 Se usa para indicar a qué dirección queremos ir.
4 ………. de cambio.
6 Es redondo y controla la dirección del coche.
7 Sirve para parar el coche.
10 Protege al conductor del viento.

Vertical

2 Aquí metemos el equipaje.

3 Se aprieta con el pie para cambiar las marchas.

5 Hace funcionar el coche.

8 Se usa por la noche.

9 Abrimos esto para ver el no. 5.

Secciones A y B *Gramática*

1 Transforma las frases.

1 Aquí no está permitido nadar.
Aquí no se nada.

2 En este parque no está permitido entrar de noche.
....

3 Aquí está prohibido construir.
....

4 En el bosque no está permitido encender fuego.
....

5 Por la autopista no está permitido ir en bicicleta.
....

6 Por la ciudad no está permitido conducir a tanta velocidad.
....

7 Aquí está prohibido tirar basura.
....

2 Estas frases presentan tres clases diferentes de **se** (A, B y C). Di a qué tipo corresponde cada frase.

A pronombre personal
B pronombre reflexivo
C **se** impersonal

1 Pepe se levanta todos los días muy pronto.
....

2 Este trabajo se lo dieron a Juan ayer.
....

3 En esta ciudad se conduce muy mal.
....

4 El paquete no se lo hemos enviado aún.
....

5 En esta peluquería se peina muy bien a la gente. ....

6 Se acostó muy tarde anoche. ....

7 Se fuma mucho en este país. ....

8 Ana se ha vestido siempre con ropa de marca. ....

9 ¿Se lo habéis dicho ya? ....

10 Se ha hecho un parque nuevo en la zona.
....

11 Ana se peina la melena. ....

Secciones C, D y E *Actividades*

1 Lee tu agenda en la página 22. En algunas horas faltan todas o algunas actividades que encontrarás en el cuadro. Ponlas en la hora correspondiente.

> ducharme / acostar a los niños / cerrar la tienda / trabajar hasta las 7 sin descansar / ponerme el traje azul / descansar y café / hablar de negocios / sentarme por fin / comprar el periódico / volver a la tienda / leer el periódico / dar el desayuno a los niños / volver a casa / empezar a servir a los clientes

7.00 levantarme, ...
 7.15 vestirme, ...
 7.30 desayunar bien
 7.45 hacer el desayuno para los niños
 8.05 ....
 8.35 llevar a los niños al colegio
 8.45 ....
 8.50 tomar el metro, sentarme,
      ....
 9.20 llegar a la tienda y preparar las
      cosas
 9.25 abrir la tienda
 9.30 ....
10.55 ....
12.10 trabajar en la caja
13.30 ....
13.45 comer en el restaurante de la
      esquina
14.30 tomar café con Carlos,
      ....
15.30 hacer unas compras
16.00 .... , ordenarlo todo
16.35 abrir la tienda, ...
17.10 llamar a los niños
19.00 cerrar la tienda, ...
20.05 .... , leerles un
      cuento
21.00 .... , ver la tele
22.30 leer los emails y ponerme a
      contestar los emails de los
      amigos

2 Lee la agenda de Actividad 1 y escribe un email a tu amigo/a contándole lo que has hecho hoy. Escribe las horas en palabras para repasarlas.

Ejemplo: A las siete me he levantado . . .

Secciones C, D y E *Gramática*

1 Escribe diálogos. Usa **ya** o **aún no/todavía no**.

Ejemplo: ¿(vosotros) / fregar los platos?
Sí. → ¿Habéis fregado ya los platos?
—Sí, ya hemos fregado los platos.

1 ¿(tú) / hacer las camas? No.
....
2 ¿(ellos) / planchar la ropa? No.
....
3 ¿(vosotras) / hacer la compra? Sí.
....
4 ¿(ella) / limpiar el polvo? No.
....
5 ¿(ustedes) / lavar el coche? Sí.
....
6 ¿(tú) / poner en orden tus papeles? No.
....
7 ¿(usted) / escribir la carta? Sí.
....

2 Escribe los diálogos de Actividad 1, pero pon **ya** y **aún** al final.

Ejemplo: ¿Habéis fregado los platos ya?
—Sí, hemos fregado los platos ya.

3 Construye diálogos, usando las claves.

Ejemplos:
¿(vosotros) ir /Sevilla? No. →
¿Habéis ido a Sevilla alguna vez?
—No, no hemos ido a Sevilla nunca.
¿(tú) beber vino de Rioja? Sí.
¿Has bebido vino de Rioja alguna vez?
—Sí, he bebido vino de Rioja algunas veces.

1 ¿(él) probar / jamón serrano? No.

....

2 ¿(tú) tomar / tequila? Sí.

....

3 ¿(vosotros) visitar / Museo del Prado? No.

....

4 ¿(usted) actuar / televisión? Sí.

....

5 ¿(ellos) decir mentiras? No.

....

6 ¿(ella) escribir novelas de misterio? No.

....

4 **Alguna vez**, **nunca** y **algunas veces** pueden ponerse en diferentes partes de la frase. Transforma las preguntas y respuestas de Actividad 3.

Ejemplos:
¿Habéis ido a Sevilla alguna vez? ➜ ¿Habéis ido alguna vez a Sevilla?
—No, no hemos ido nunca a Sevilla.
¿Has bebido vino de Rioja alguna vez? ➜ ¿Has bebido alguna vez vino de Rioja?
—Sí, he bebido algunas veces vino de Rioja.

5 Ahora transforma de nuevo las respuestas de los mismos diálogos.

Ejemplos:
No, no hemos ido a Sevilla nunca. ➜ No, nunca hemos ido a Sevilla.
Sí, he bebido vino de Rioja algunas veces. ➜ Sí, algunas veces he bebido vino de Rioja.

Ahora y antes

Secciones A y B *Actividades*

1 María estuvo en casa de unos amigos de sus padres durante sus vacaciones, ayudándoles en los trabajos de la casa y con los niños. Mira los dibujos y di lo que hacía María todos los días.

Ejemplo: María se levantaba a las siete.

Todos los días

2 Une las dos partes de estas frases sacadas de un artículo sobre los niños y niñas de hoy y escribe frases completas. Recuerda que tienes que poner el verbo en la forma correspondiente.

1 Ahora los niños se quedan siempre en casa, antes . . .
2 Ahora están siempre solos, antes . . .
3 Ahora siempre están viendo la televisión, antes . . .
4 Ahora juegan solos, antes . . .
5 Ahora tienen ordenadores y juguetes sofisticados, antes . . .
6 Ahora van al parque, antes . . .
7 Ahora suben a los toboganes y columpios, antes . . .
8 Ahora van a la piscina, antes . . .
9 Ahora van a clases de natación, antes . . .
10 Ahora no hacen deporte, antes . . .
11 Ahora tienen actividades organizadas, antes . . .
12 Ahora no tienen libertad, antes . . .
13 Ahora se aburren de todo, antes . . .

a (hacer) mucho deporte.
b (inventar) sus juegos.
c (tener) mucha libertad.
d (ir) a la playa y (hacer) castillos de arena.
e siempre (estar) con otros niños.
f (ir) al campo.
g (jugar) en grupo.
h (jugar) en la calle.
i (nadar) y (bucear) libremente.
j no (aburrirse) nunca.
k (subir) a los árboles.
l (tener) juguetes de madera y trapo.
m (salir) al cine y a pasear.

Secciones A y B *Gramática*

1 Transforma las frases. Usa las claves.

Ejemplo: (yo – vivir) ahora / Barcelona / antes / Málaga ➜

Ahora vivo en Barcelona, pero antes vivía en Málaga.

1 (mis hijas – estudiar) ahora / universidad / antes / instituto
2 (mi padre – trabajar) ahora / Madrid / antes / Bilbao
3 (mis amigos – jugar al fútbol) ahora / los domingos / antes / los sábados
4 (yo – estudiar) ahora / informática / antes / estudiar historia
5 (mi hermano – hacer) ahora / ejercicio / antes / no hacer ejercicio
6 (mi mujer y yo – viajar) ahora / a muchos sitios / antes / no viajar
7 (nuestros hijos – ir) ahora / la costa los veranos / antes / las montañas
8 (nosotros – comer) ahora / en casa / antes / en los restaurantes

2 Haz las preguntas para estas respuestas.

1 Yo antes vivía en Madrid.
2 De niños jugábamos a subir a los árboles.
3 En las vacaciones íbamos a la montaña.
4 Mi hijo iba antes a un colegio cerca de casa.
5 Sí, antes iba a trabajar en metro, pero ahora voy en coche.
6 Sí, teníamos vacaciones muy largas.

Secciones C, D y E *Actividades*

1 Une cada frase de la Lista A con su correspondiente de la Lista B y escribe los verbos (entre paréntesis) en la forma correcta.

Lista A

1 Ayer nosotros (ir) al cine y
2 Antes Ana (viajar) mucho pero
3 En 1989 mis padres (comprar) una casa en el campo y
4 Mi madre siempre (comprar) la verdura en la misma tienda, pero
5 Todos los veranos mis hermanos y yo (ir) a casa de mi abuela, pero
6 Antes nosotros (ver) a Juan muy a menudo, pero
7 Nosotros no (conocer) a Juan en la fiesta; ya
8 Antes nosotros (hacer) las compras en el supermercado, pero
9 Papá siempre (traer) muchos regalos de sus viajes, pero

Lista B

a (vivir) allí hasta 1998.
b el mes pasado la tienda (cerrar).
c ella (morir) hace un año.
d le (conocer) antes.
e no (traer) nada de su último viaje.
f (ver) una buena película.
g solamente (ver) a su mujer un par de veces.
h sólo (ir) una vez a Inglaterra.
i un par de veces (hacer) las compras en el mercado.

2 Escribe una carta a tu amiga española contándole lo que hacías durante las vacaciones y lo que hiciste un día especial.

Querida amiga:
En las vacaciones lo pasamos muy bien. Todos los días: levantarse muy tarde / desayunar: terraza del apartamento / playa / sol / aperitivo / restaurante / tarde: siesta / nadar un rato: piscina del apartamento / tenis / dar paseo / compras: ropas y regalos / beber algo en un bar / cenar rápidamente / arreglarse / discoteca / bailar casi toda la noche / acostarse: cinco mañana

Un día: levantarse: 6.30 mañana / excursión / montaña / hacer 20 km a pie / ver lagos y caballos salvajes / visitar pueblo antiguo / ver iglesia siglo XII / bañarse en el río / comer en el campo / volver muy cansados / acostarse: diez noche

3 Tu amiga va de vacaciones y en su maleta lleva los siguientes objetos. Di para qué los lleva.

Ejemplo: loción contra insectos → Lleva loción contra insectos para protegerse de las picaduras de los insectos.

1 bronceador
....
2 un traje de baño
....
3 un paraguas
....
4 un vestido de noche
....
5 gafas de sol
....
6 un sombrero
....
7 una novela
....
8 una toalla
....

Secciones C, D y E *Gramática*

1 Elige un verbo del cuadro y ponlo en la forma correspondiente del pasado para completar las frases.

comer	comprar	discutir	estar	ganar
hacer	ir	salir	tener	tener

1 Yo .... en este restaurante a menudo.

2 El verano pasado nosotros .... a la playa.

3 Normalmente mi madre .... poco de casa.

4 Tú .... en África una vez, ¿verdad?

5 El mes pasado mis hermanos .... un accidente con la moto.

6 Sus padres .... a menudo.

7 El año pasado nuestros amigos .... mucho dinero con la lotería.

8 Mi hermano .... problemas con las matemáticas.

9 Juan no .... nunca amigos en aquella ciudad.

10 María, ¿................... el abrigo negro o el marrón?

2 Contesta las preguntas.

Ejemplo: Trabajabas todos los días en esa oficina, ¿verdad?

–Sí, pero varias semanas en casa. ➡
Sí, trabajaba todos los días en esa oficina, pero varias semanas trabajé en casa.

1 Nadaban siempre en la piscina, ¿verdad?
–Sí, pero dos días en el lago.
....

2 Jugabais a menudo al baloncesto, ¿verdad?
–Sí, pero algunos días fútbol.
....

3 Te levantabas generalmente muy tarde, ¿verdad?
–Sí, pero todo el mes pasado muy temprano.
....

4 Normalmente ibas al trabajo en bicicleta, ¿verdad?
–Sí, pero la semana pasada en coche.
....

5 Tus hermanos tenían mucho trabajo, ¿verdad?
–Sí, pero el año pasado casi nada de trabajo.
....

6 Antes hacía mucho calor en agosto, ¿verdad?
–Sí, pero en el pasado mes de agosto bastante fresco.
....

7 ¿Tus padres estaban en el pueblo todos los fines de semana, ¿verdad?
–Sí, pero el mes pasado en casa todos los fines de semana.
....

6

¿Cómo era?

Sección A *Actividades*

1 Tu amigo estuvo en España, haciendo un curso de español. Hazle unas preguntas. Éstas son sus respuestas.

Ejemplo: Un mes. ➜ ¿Cuánto tiempo estuviste?

1 En un hotel.
....

2 ¿El hotel? En el norte de España, en los Pirineos.
....

3 Muy buen tiempo todos los días.
....

4 ¿El hotel? ¡Muy bonito y muy antiguo!
....

5 Sí, muy grande.
....

6 Doscientas habitaciones por lo menos.
....

7 La mayoría de las habitaciones, dobles, con todo tipo de comodidades.
....

8 Pues . . . piscina, jardín, bar, restaurantes . . .
....

9 Tres restaurantes, uno local y dos internacionales.
....

10 ¿La comida? Excelente.
....

11 Comida internacional, pastas, arroces . . .
....

12 Sí, el curso, muy interesante.
....

13 Seis horas de clase cada día.
....

14 ¿En mi tiempo libre? Pues, paseos, excursiones.
....

2 Lee las respuestas de Actividad 1 y escribe frases completas con ellas.

Ejemplo: Un mes. ➜ Estuve un mes en España.

Sección A *Gramática*

1 Escribe los verbos que faltan en la carta (en presente).

Mi ciudad **1** .... en el norte de España, se llama Laredo y **2** .... en la provincia de Santander. Mi ciudad **3** .... muy bonita, **4** .... una ciudad pequeña y **5** .... al lado del mar. En verano **6** .... muchos turistas porque **7** .... unas playas preciosas. La mayoría de los edificios **8** .... antiguos y **9** .... muchas tiendas con objetos de regalo, ropa y antigüedades. Laredo **10** .... restaurantes estupendos y la comida **11** .... excelente. **12** .... mucho pescado y marisco. Los alrededores **13** .... paisajes maravillosos y el clima **14** .... muy bueno, los veranos **15** .... frescos y en invierno no **16** .... mucho frío.

2 Pon el texto anterior en el pasado desde **Mi ciudad es muy bonita**.

Empieza: Antes mi ciudad era muy bonita . . .

3 Pon el verbo correspondiente en la forma correcta del pasado para completar las frases. Usa **tener**, **estar**, **ser** o **haber**.

1 En mi jardín .... muchas rosas.

2 La ciudad .... muy lejos y no pudimos ir.

3 La casa .... de madera y de piedra.

4 La puerta .... rota.

5 Las ventanas no .... cristales.

6 No .... carretera, sino un camino.

7 El camino .... muchas piedras.

8 En la casa .... tres pisos.

9 Su apartamento .... muy bonito.

Secciones B y C *Actividades*

1 Ayer unos ladrones te robaron la mochila con varios objetos. Hoy vas a la policía para denunciar el robo. Mira los dibujos y contesta las preguntas del policía.

seda, azul

piel, negra

piel, negros

blancas

lana, gris

1 ¿Cuántos ladrones había?

....

2 ¿Cómo eran los ladrones?

....

3 ¿Qué te robaron?

....

4 ¿Cómo era la mochila?

....

5 ¿Qué había en la mochila?

....

2 Lee este artículo sobre María, una actriz venezolana y escribe **ser** o **estar** en la forma correspondiente (del pasado). Atención: no hay espacios para los verbos y tienes que ponerlos en el lugar correspondiente.

María **Martínez** actriz. muy abierta y simpática, pero antes de actuar siempre seria y pensativa. No hablaba con nadie y concentrada en su papel. Su voz un poco ronca, pero también muy cálida. Su padre también actor y por eso tuvo mucha influencia en su personalidad de actriz. Su familia muy importante para ella. casada con un actor y sus hijos siempre con ella cuando pequeños. De físico no muy atractiva, pero su cara muy especial, de mirada penetrante. bastante alta y aunque cuando niña un poco gordita, de mayor bastante delgada para su altura. muy elegante, su ropa siempre muy especial. El carácter de María fuerte, pero nunca enfadada. Sus papeles siempre de mujer fuerte y fría, pero su personalidad cálida y amable. Normalmente bastante activa e inquieta, incluso bastante nerviosa, pero, eso sí, cuando actuaba nunca nerviosa. una actriz fantástica que enamorada de su público. Y el público loco por ella.

3 Lee esta información sacada del texto sobre María y haz las preguntas correspondientes.

Ejemplo: Era muy abierta y simpática. ➔ ¿Cómo era la personalidad de María?

1 Estaba seria y pensativa.

....

2 Su voz era ronca, pero cálida.

....

3 Su padre era actor.

....

4 Casada.

....

5 Con un actor.

....

6 Sí, dos hijos.

....

7 Su cara era muy especial y era bastante alta.

....

8 Sus papeles eran de mujer fuerte.

....

9 ¿Nerviosa cuando actuaba? Nunca.

....

10 El público estaba loco por ella.

....

Secciones B y C *Gramática*

1 Escribir las frases completas. Atención a los puntos siguientes:
- Hay que poner los verbos **ser** o **estar** en la forma correcta.
- Los adjetivos están en masculino singular; hay que ponerlos en la forma correspondiente.
- Hay que añadir el artículo – **el**, **la**, **los**, **las** – en el lugar necesario.

Ejemplo: amigos / muy leal ➔ Los amigos son muy leales.

1 Joaquín y Marta / español

....

2 vosotros / muy inteligente

....

3 jardín / muy bien arreglado

....

4 yo / soltero, pero mi hermana / viudo

....

5 sus nietos / encantador

....

6 tu hijo / muy educado

....

7 habitación / muy grande, pero / muy desordenado

....

8 sala / muy acogedor

....

9 sus tíos / irlandés

....

10 tus hijos / muy egoísta

....

11 cuadros de esta pintora / excelente, pero / muy caro

....

2 Escribe **ser** o **estar** en la forma correspondiente en los espacios en blanco.

1 Ayer Juana .... muy triste porque su hermano tuvo un accidente.

2 Antes Pedro .... muy amable, pero también .... bastante reservado.

3 Antes mi padre .... enfadado con mi hermana porque no estudiaba nada.

4 El año pasado Marcos .... enfermo y no tenía energía, ... muy débil.

5 Mi hijo Pedro, cuando .... muy pequeño, ... muy gracioso.

6 Yo .... bastante deprimida antes, no sé que me pasaba.

7 No sé qué os pasaba ayer, pero .... muy serios.

8 Cuando tú .... niño, ... muy difícil, ... muy maleducado y siempre contestabas mal.

9 El mes pasado .... bronceados porque fuimos a la playa.

10 Antes mi madre .... muy tranquila, nunca se molestaba por nada, pero ahora siempre .... muy nerviosa.

Secciones D y E *Actividades*

1 Lee la carta que Luisa escribió a su amiga Ana hablándole de su nueva casa. Di si las frases siguientes son verdaderas o falsas y explica por qué.

1 El piso de Luisa estaba fuera de la ciudad. ....

2 La casa tiene mucho espacio por fuera. ....

3 Luisa puede usar la piscina solamente en verano. ....

4 Cuando vivía en el piso debía tomar un autobús para ir al centro. ....

5 Ahora va en coche al centro durante el día. ....

6 En la ciudad hay problemas de aparcamiento de día. ....

7 El autobús sale muy a menudo y no hay que esperar más de un cuarto de hora. ....

8 Luisa ya puede conducir sola. ....

9 El piso tenía cuatro dormitorios menos que la casa. ....

10 Los padres de Luisa tienen cuatro hijos, tres chicos y una chica. ....

11 Luisa tenía su propio dormitorio. ....

12 En el piso los chicos tenían que compartir todos la misma habitación. ....

13 El padre de Luisa ganaba más dinero y por eso compraron una casa. ....

14 La casa es bastante antigua y hay que hacer reparaciones. ....

Querida Ana:

Por fin me he cambiado de casa. La semana pasada dejamos por fin el piso de la calle Gijón y nos trasladamos a una casa mucho más grande y bonita en las afueras de la ciudad. Es una casa tipo chalet con seis dormitorios y con un gran jardín y lo mejor ¡con una piscina maravillosa! donde puedo nadar casi todo el año, porque ya sabes que en mi ciudad hace buen tiempo casi siempre. El piso me gustaba bastante porque estaba en el centro y siempre iba andando, y tenía la ventaja de que podía salir por la noche y no tenía problemas para volver a casa porque además siempre encontraba taxis. La casa tiene el inconveniente de que cuando quiero ir al centro necesito tomar un autobús o coger el coche, y la verdad es que es bastante difícil aparcar, así que tengo que ir en autobús y, como sale cada media hora de mi barrio, si pierdo uno tengo que esperar media hora hasta que sale el siguiente. Pero por la noche siempre voy al centro en coche, porque no hay tanto problema con el aparcamiento y puedo conducir yo porque ya tengo el carnet de conducir.

La verdad es que el piso era bastante pequeño para toda la familia, porque tenía sólo cuatro dormitorios y no era bastante grande para mis padres, mis cuatro hermanos y yo. Claro que yo, como soy la única chica de la familia, tenía un dormitorio para mí sola y mis hermanos tenían que compartir habitación, dos en una o los otros dos en otra.

El piso tenía bastante luz y era bonito y acogedor, pero estaba ya bastante viejo y había que hacer muchas reparaciones, así que mis padres decidieron que era mejor cambiarse y, como a mi padre le subieron el sueldo, pudieron comprar la casa. La casa es antigua, pero está muy bien ya que los dueños anteriores la arreglaron y ahora está como nueva. Así que ya puedes venir a visitarme pues tenemos mucho espacio. Hasta pronto:

Luisa

2 Mira el dibujo de esta oficina de principios del siglo XX. ¿Qué objetos no existían aún en aquella época?

Ejemplo: *A principios del siglo XX no había teléfono móvil.*

Secciones D y E *Gramática*

1 Elige el verbo adecuado del cuadro para cada frase y decide si va en imperfecto (descripción) o en pretérito indefinido (acción). Se puede usar algunos de los verbos más de una vez.

chocar   estar   funcionar   haber   hacer   ir   llegar   pasar   salir   ser   tener   ver   vivir

1 Antes Pepe .... mucho dinero.
2 Ayer mi madre .... un accidente.
3 Antes el niño .... muy agradable con todos.
4 Mi hermana .... de compras ayer.
5 Mi hija .... el pelo rubio cuando .... pequeña.
6 Mi hija y sus amigas .... al cine anoche y .... una película muy buena.
7 La casa donde yo .... cuando era niño, ... muy grande, pero siempre .... muy oscura porque las luces no .... nunca.
8 El coche .... contra un árbol, pero al conductor no le .... nada.
9 El parque .... lleno de flores y de pájaros y .... muchos árboles.
10 En la calle .... mucha gente porque .... buen tiempo.
11 Antes de ayer nosotros .... muchos problemas y .... tarde al trabajo.

2 Construye las frases.

1 Antes / cine / estar / enfrente / cafetería / pero / hace dos años / ponerlo / otra calle

....
....
....

2 Antes / nosotros / trabajar / poco / hasta que / venir / nuevo jefe

....
....
....

3 Desde mi terraza / antes / verse / paisaje precioso / pero / año pasado / construir / pisos / enfrente

....
....
....

4 Antes / no haber / tantas fábricas / en la ciudad / pero instalar / muchas / hace dos años

....
....
....

5 Hasta que / abrir / fábricas / la vida / ser / tranquila / pueblo

....
....
....

6 En aquella época / yo / no trabajar / y / dedicarme / cuidar / hijos

....
....
....

7 Mi jardín / estar / lleno / flores / pero / hacer / mucho calor / y / secarse

....
....
....

7

Repaso

Actividades y gramática

Lección 1

1 Eres periodista. Lee los datos sobre Marta Rodríguez (personaje ficticio) y escribe la entrevista que le hiciste (usa la forma **usted**).

2 Ahora escribe un artículo sobre ella.

Empieza: Se llama Marta Rodríguez . . .

3 Usa la ficha de Actividad 1 para escribir algo similar sobre ti.

Ejemplo: Yo me llamo . . . Soy de . . . Soy . . . Mi personalidad es . . . , etc.

Nombre:		**Marta Rodríguez**
Lugar de nacimiento:		**Sevilla**
Fecha de nacimiento:		**1938**
Estudios:	1956:	**Universidad Sevilla: Licenciatura en la carrera de Economía**
	1962:	**Universidad Madrid: Doctorado en Ciencias políticas**
Trabajos:	1966:	**Empleada en varias embajadas**
	1969–1976:	**Embajadora en varios países**
	1977:	**Ministra de Cultura**
	1985:	**Ejecutiva de empresa**
Familia:	1969:	**Matrimonio con Ramón García**
	1973:	**Primer hijo, Luis**
	1975:	**Segundo hijo, Juan**
	1983:	**Viuda: muerte marido en accidente**
	1988:	**segundo matrimonio con empresario**
	1990:	**divorcio**
Gustos tiempo libre:		**Política; practicar deporte: tenis; lectura: biografías de políticos; música clásica**
Personalidad:		**simpática, abierta, inteligente, prudente**

4 Lee la carta y pon los infinitivos en los tiempos correspondientes. Atención: escribe los pronombres con **gustar** y verbos similares.

Queridos amigos:

El lunes mi familia y yo (**1** volver) de vacaciones. (**2** Estar) en el norte de España durante tres semanas. (**3** Ir) en coche, pero (**4** ser) un viaje muy largo. A mí el viaje no (**5** gustar) nada, pero no (**6** ser) muy aburrido porque (**7** ir) toda la familia. Además a mi hermano no (**8** gustar) el avión. (**9** Llegar) todos al hotel muy cansados y todos (**10** ir) directamente a la cama. Creo que yo (**11** dormir) dieciocho horas seguidas. Ya (**12** saber) tú que a mí (**13** encantar) dormir. A nosotros el hotel (**14** gustar) mucho. (**15** Ser) un hotel precioso, cerca de la playa y a todos (**16** agradar) especialmente el personal del hotel. A mis hermanas (**17** gustar) mucho la piscina. (**18** Estar) en la playa, pero a mi padre (**19** gustar) más viajar y también (**20** ir) con él a visitar varios pueblos de la zona. A mis padres (**21** encantar) los monumentos. A mí también (**22** gustar), pero (**23** gustar) aún más el paisaje tan verde. Una noche (**24** ir) mis hermanos y yo a una discoteca muy buena, cerca del hotel y a mí (**25** encantar) la música que (**26** poner). La verdad (**27** ser) que, en general, a mí no (**28** divertirme) las discotecas, pero ésta (**29** gustar) mucho.

Lección 2

5 **a** Pedro fue a una entrevista de trabajo. Lee la lista y pon cada frase en la categoría que corresponde **A** o **B**.

A Personalidad
B Aspectos profesionales

 1 Llegar puntual.
 2 Siempre decir la verdad.
 3 Mostrar seguridad en ti mismo.
 4 Tener paciencia.
 5 Ir bien arreglado.
 6 Hacer preguntas abiertas sobre el puesto.
 7 Evitar las críticas a tu antiguo jefe.
 8 No fumar.
 9 Estar relajado.
10 No ser muy informal en el trato con los entrevistadores.
11 Ponerse el traje nuevo.
12 No hablar del sueldo desde el principio.

b Su amigo Luis le hace algunas preguntas. Escribe diálogos.

Ejemplo:
1 Llegar puntual ➜
Luis: ¿Llegaste puntual?
Pedro: Por supuesto, llegué puntual.

6 Elige una palabra de cada una de las listas de la página siguiente para formar frases.

Ejemplo: **1** Ayer encontré a Juana en la calle, la saludé.

Lista A

1 Ayer encontré a Juana en la calle,
2 El domingo quiero ir al cine con Pepe,
3 Tengo que hablar con mis padres,
4 No me gusta este vestido para mi hermana,
5 El domingo pasado conocí a un chico muy simpático,
6 Ayer vi a tu madre,
7 Estamos invitados a la boda de Felipe y Ana,
8 Ana vio a sus tías ayer por la calle,
9 Susana no sabe nada,

Lista B

le
los
la
las
les
lo

Lista C

compraré el otro.
encontré en el supermercado.
regalaremos un jarrón
he escrito un email.
invitaré.
llamaré mañana.
saludé.
saludó.
daré la noticia mañana.

7 Escribe las preguntas y respuestas completas.

Ejemplo: ¿Cuántos años / tú / conocer / María? Muchos años / 16 años → ¿Cuántos años hace que conoces a María? —Hace muchos años que conozco a María/que la conozco. Conozco a María/La conozco desde hace dieciséis años.

1 ¿Cuántos años / Rosa / salir / con su novio? Bastantes años / 6 años
....
2 ¿Cuánto tiempo / vosotros / vivir / en esta casa? Pocos meses / 5 meses
....
3 ¿Cuánto / tu familia / estar / en el extranjero? Unos cuantos años / 10 o 12 años
....
4 ¿Cuánto tiempo / ellos / trabajar / en la misma empresa? Muchos años / 25 años
....
5 ¿Cuántos días / tus padres / tener / este coche? Pocos días / 10 días
....

Lección 3

8 Prepara un itinerario turístico para un grupo de visitantes que quieren visitar varias ciudades mexicanas. Usa la información.

Empieza: Día 1: Iremos a Acapulco y tomaremos el sol en . . .

Día 1: Acapulco / famosas playas / moderno hotel
Día 2: Taxco / famosas minas / joyas, ropas y muebles / escuela de arte
Día 3: Oaxaca / famosos monumentos / fiesta: bailar y cantar
Día 4: Yum Balam / las plantas y los animales salvajes, como el puma
Día 5: Malinalco / café / frutas típicas / ruinas prehispánicas
Día 6: Cuernavaca / famosos mercados / un templo pirámide
Día 7: Durango / las minas y la industria
Día 8: Pico de Orizaba / la nieve y el parque
Día 9: Puerto Vallarta / el senderismo / pescar / paracaidismo acuático / excursión en barco
Día 10: Tulum / ruinas de las ciudades mayas
Día 11: Veracruz / el puerto
Día 12: Isla Mujeres / muchos peces y algas / bucear / recorrer los alrededores en lancha

9 Contesta las preguntas.

Ejemplo: ¿Cuál es su piso, el de la derecha o el de la izquierda? (el de la derecha) ➜ El de la derecha es el suyo/El suyo es el de la derecha.

1 ¿Cuáles son tus maletas, las marrones o las negras? (las negras)

....

2 ¿Cuál es su coche, el negro o el azul? (el azul)

....

3 ¿Cuál es tu calle, la de la derecha o la de la izquierda? (la de la derecha)

....

4 ¿Cuáles son nuestros billetes, éstos o aquéllos? (aquéllos)

....

5 ¿Cuál es mi habitación, la grande o la pequeña? (la pequeña)

....

6 ¿Cuáles son los zapatos de mi hermano, los marrones o los negros? (los negros)

....

10 Da consejos a tu amigo.

Ejemplo: Tengo dolor de espalda. ➜ tomar estas pastillas / estar mejor ➜ Debes tomar pastillas. Si tomas estas pastillas estarás mejor.

1 Me duele mucho la pierna. ➜ no mover pierna / mover pierna / doler más

....

2 Tengo dolor de oído. ➜ ponerte estas gotas / doler menos

....

3 Me escuece la espalda. ➜ ponerte esta crema / no escocer

....

4 Me duele mucho la garganta. ➜ no hablar / hablar / quedarte sin voz

....

5 Tengo la gripe. ➜ quedarte cama / levantarte / ponerte peor

....

6 Estoy muy nervioso y estresado por culpa del trabajo. ➜ trabajar menos / estar más tranquilo

....

7 Estoy muy bajo de forma. ➜ hacer más ejercicio / ponerte en forma

....

Lección 4

11 Decide quién es cada persona que habla y dónde está.

1 Aquí no se puede aparcar. Allí tiene un aparcamiento.

....

2 El embrague está estropeado. ¿Para cuándo puede arreglarlo?

....

3 Ahora se mete la primera marcha.

....

4 ¿Se incluye la gasolina en el precio?

....

5 No puedo encontrar mi carnet de conducir, pero aquí tiene los documentos del coche.

....

6 Me he quedado sin gasolina, ¿puede llevarme a la gasolinera más próxima?

....

7 Ha aparcado usted mal, tengo que suspenderle.

....

8 No se debe circular en parejas, es mejor ir en fila, uno detrás de otro.

....

9 Tenemos de tres y de cinco puertas.

....

10 Hemos tenido una avería, ¿puede enviar la grúa?

....

12 Transforma las frases, empezando con el pronombre **se**.

Ejemplo: Requerimos permiso de conducir. ➜ *Se requiere permiso de conducir.*

1 Requerimos experiencia de cinco años.

....

2 Valoramos conocimientos de inglés.

....

3 Pedimos estudios a nivel universitario.

....

4 Exigimos lealtad absoluta a la empresa.

....

5 Necesitamos conductor experto.

....

6 Ofrecemos excelentes condiciones de trabajo.

....

7 Pagamos los mejores sueldos.

....

8 Seleccionamos a los mejores profesionales.

....

13 Luis está en su oficina y aún tiene muchas cosas por hacer porque no tiene secretario/a. Mira su lista de actividades para el día y escribe un informe sobre lo que ha hecho ya (las actividades marcadas con ✔) y lo que no ha hecho aún.

Ejemplo: leer las cartas ✔
Ya ha leído las cartas.
contestar los mensajes recibidos
Aún no ha contestado los mensajes recibidos.

14 Luis quiere irse pero su socio le pregunta qué ha hecho ya y qué no ha hecho aún. Usa las frases de Actividad 13 para escribir diálogos (usa la forma **tú**).

Ejemplos: ¿Has leído las cartas ya?
—Sí, he leído ya las cartas.
¿Has contestado los mensajes recibidos ya?
—No, no he contestado los mensajes recibidos aún.

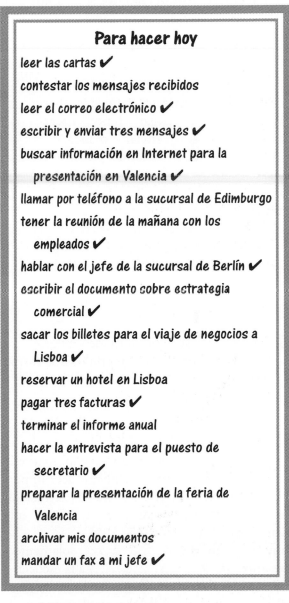

Para hacer hoy

leer las cartas ✔

contestar los mensajes recibidos

leer el correo electrónico ✔

escribir y enviar tres mensajes ✔

buscar información en Internet para la
   presentación en Valencia ✔

llamar por teléfono a la sucursal de Edimburgo

tener la reunión de la mañana con los
   empleados ✔

hablar con el jefe de la sucursal de Berlín ✔

escribir el documento sobre estrategia
   comercial ✔

sacar los billetes para el viaje de negocios a
   Lisboa ✔

reservar un hotel en Lisboa

pagar tres facturas ✔

terminar el informe anual

hacer la entrevista para el puesto de
   secretario ✔

preparar la presentación de la feria de
   Valencia

archivar mis documentos

mandar un fax a mi jefe ✔

Lección 5

15 Luis perdió su trabajo. En la entrevista para un nuevo trabajo le hacen una pregunta: 'En su trabajo anterior, ¿cuáles eran sus funciones?' Tú eres Luis. Elige las palabras del Cuadro A que van con las del Cuadro B y luego contesta la pregunta usando el pasado

Ejemplo: *Organizaba conferencias.*

> **A**
>
> organizar   entrevistar   preparar   hacer   llamar   buscar   pagar   tener   hacer   archivar   recibir y enviar   mandar

> **B**
>
> al personal – el correo electrónico – conferencias – documentos – faxes – información en la Internet – informes – a los clientes – las facturas – presentaciones en conferencias – reuniones con los empleados – reservas de transporte y hotel

16 Rellena los espacios en blanco. Elige el verbo correspondiente y ponlo en la forma correcta.

Mi familia y yo **1** .... ahora en la ciudad, pero antes **2** .... en un pueblo pequeño. En el pueblo, mi padre **3** .... en el campo y mi madre le **4** .... en los trabajos del campo y también **5** .... todos los trabajos de casa. Mis hermanos **6** .... a la escuela, pero yo, como **7** .... muy pequeño, **8** .... solamente tres años, no **9** .... a la escuela todavía. Mis hermanos y yo **10** .... mucho en el campo y **11** .... muchos amigos. También **12** .... en el río cuando **13** .... calor.

Desafortunadamente mis padres tuvieron que venir a trabajar a la ciudad y ahora **14** .... aquí. Ahora mi hermano **15** .... en una tienda y mi hermana **16** .... en la universidad. Yo también **17** ...., pero en el instituto.

17 Mira la agenda de las páginas 21 y 22 [Lección 4, Secciones C, D y E Actividades, Actividad 1]. Eso es lo que hacías tú todos los días hasta que vendiste la tienda y decidiste cambiar tu vida. Escribe una carta a tu amigo/a contándole tu vida anterior (no tienes que mencionar las horas).

Lección 6

18 Describe cómo eran Antonio y Carmen cuando los conociste.

Empieza: *Conocí a Antonio y a Carmen en una fiesta. Antonio era delgado . . .*

Carmen

Antonio

19 Lee lo que dice este hombre sobre su vida cuando era pequeño y rellena los espacios en blanco con los verbos del cuadro, después de ponerlos en la forma correcta. Atención: muchos de los verbos se utilizan varias veces.

> tener parecer jugar querer comer
> ocuparse vivir limpiar haber
> trabajar ser ir ayudar hacer estar
> lavar

Cuando **1** .... pequeño
2 .... en un pueblo de España, mi casa **3** .... en la calle Mayor. La vida no **4** .... muy buena, **5** .... mucha pobreza. En el pueblo **6** .... gente rica, pero nosotros **7** .... muy pobres. Como **8** .... niños, **9** .... mucho por las calles, pero **10** .... poco y mal. **11** .... poco a la escuela, **12** .... una escuela en el pueblo, pero mis hermanos y yo, como todos los niños pobres del pueblo, **13** .... que trabajar y **14** .... a nuestros padres en el campo. Mis padres **15** .... campesinos, pero no **16** .... sus propios campos, **17** .... en los campos de una de las familias más ricas del pueblo. Mi madre **18** .... a mi padre en el campo y también **19** .... de la casa, **20** .... la comida, **21** .... y **22** .... la ropa. Su vida **23** .... muy dura,

pues en las casas no **24** .... agua y **25** .... que ir a lavar y fregar al río. A mí y a mis hermanos la vida no nos **26** .... tan dura porque **27** .... pequeños y sólo **28** .... jugar.

20 Estos tres amigos/as te han contado sus problemas pero tú no puedes guardar un secreto y se los cuentas a otro amigo. Usa el pasado.

> Empieza: Ana tenía una hija . . .
>   El hermano de José . . .
>   María discutía mucho . . .

Ana: Tengo una hija muy perezosa y no le gusta estudiar. Es inteligente, pero sólo le gusta salir con sus amigos y pasa las tardes en la calle, no le gusta nada estar en casa. No vuelve a casa hasta la madrugada. Estoy muy preocupada por ella. Lo intento todo, hasta castigarla, pero no da resultado.

José: Mi hermano está obsesionado por su aspecto físico, antes de salir de casa pasa dos horas arreglándose delante del espejo. Le encanta vestirse con ropa extraña, siempre de negro. Le encanta el color negro. Todo el día me pregunta si está guapo. No puedo convencerle de que la imagen no es lo más importante.

María: Discuto mucho con mi familia. A mi marido le encanta discutir por cualquier tontería y a mis hijos les gusta hacerme sufrir y no me respetan. No puedo más. La semana pasada decidí marcharme de vacaciones y dejarlos a todos. Compré un billete e hice la maleta, pero ahora me siento culpable.

Test Cultural

Grandes pintores españoles: Goya y Dalí

Goya

1 Goya nació en:
   a 1846.   b 1746.   c 1646.
2 Goya nació en la provincia de:
   a Madrid.   b Barcelona.   c Zaragoza.
3 Empezó a pintar:
   a a los 20 años.   b antes de los 12 años.
   c a los 40 años.
4 Goya pintó cuadros para:
   a el rey de España.   b el presidente de
   España.   c el rey de Francia.
5 Pintó cuadros:
   a de muchos temas.   b sólo de guerra.
   c religiosos.
6 Goya se quedó:
   a cojo.   b ciego.   c sordo.
7 Murió en:
   a España.   b Italia.   c Francia.

Dalí

1 Dalí nació en:
   a 1924.   b 1904.   c 1804.
2 Dalí nació en:
   a Andalucía.   b Mallorca.   c Cataluña.
3 Dalí tenía un carácter:
   a simpático.   b agresivo.   c tranquilo.
4 Fue un estudiante:
   a muy bueno.   b malo.   c regular.
5 Durante su vida fue:
   a muy famoso.   b un desconocido.
   c muy pobre.
6 El museo Dalí está en la provincia de:
   a Barcelona.   b Gerona.   c Tarragona.
7 Murió en:
   a 1980.   b 1979.   c 1989.

8

¿Qué les regalo?

Secciones A y B *Actividades*

1 **a** Lee las definiciones y escribe en los cuadros el nombre del objeto que describen. El número 1 es un ejemplo.

	a	b	c	d	e	f	g	h
1	C	E	P	I	L	L	O	S
2								■
3								
4								
5								
6								
7								■
8								■
9								■
10								

Definiciones

1 Unos objetos que son generalmente de plástico, aunque a veces pueden ser también de madera, y que sirven para peinarse, pero no son peines.

2 Son prendas de vestir que sirven para ponerse encima, especialmente cuando el tiempo no es bueno. Están confeccionadas con telas que nos dan calor.

3 Así se llaman unas cosas que muchas mujeres españolas se ponían hace varios años en la cabeza, pero no hablamos de sombreros que también sirven para cubrirse la cabeza. También se llama así a algo que sirve para limpiarse la nariz cuando estamos resfriados.

4 Son objetos muy útiles cuando hace calor porque con ellos podemos darnos aire. Son muy ecológicos porque nos dan el aire de manera natural, aunque a veces podemos cansarnos, especialmente puede cansarse nuestro brazo. El material que se utiliza para fabricarlos es la madera o el plástico y la tela o la seda, a veces también el papel.

5 Son objetos que leemos para informarnos sobre temas de actualidad y noticias, del hogar, de jardinería y de otras muchas cosas.

6 Son unas alfombras que están sujetas al suelo y no se mueven, cubren todo el suelo de una habitación y no pueden quitarse fácilmente.

7 Forman parte esencial del cuerpo humano y también de muchos animales porque son muy útiles para comer. Suelen ser blancos, pero se manchan fácilmente.

8 Son unos objetos que se han convertido en algo esencial en nuestra sociedad actual. Sin ellos llegamos tarde a todos los sitios.

9 Son objetos en los que se representan imágenes y que usamos para poner en las paredes para decorarlas. Algunas personas se han hecho famosas por ellos.

10 Son objetos muy útiles para comer, especialmente los líquidos.

b Ahora escribe la letra correspondiente del cuadro arriba, en las casillas de la página siguiente, para leer el mensaje.

1b	4h	6f	10g		5f	2a	8a	9d	5b
	3f	9f	5h		7e	5d	8d	10h	
7a	6e		4c	7d	10e		5c	3b	4d
	5g		10a	1g	6a	3a	2c	4a	9e
	3e	1f		10c	2f	9a	10d	8f	
1c	8b	6c	3d	7f	3c	4g	.		

a zapatero.
b deportista.
c ingeniero.

6 Este hombre era …
a norteamericano.
b español.
c brasileño.

2 **a** Haz este test de conocimientos sobre un elemento esencial de la moda actual: las zapatillas deportivas.

b Ahora lee el artículo y comprueba si las respuestas que has dado al test son correctas.

1 Las zapatillas deportivas aparecieron por primera vez en …
a 1908.
b 1939.
c 1983.

2 Las primeras zapatillas de baloncesto se fabricaron por primera vez en …
a 1890.
b 1922.
c 1950.

3 Un nuevo y revolucionario tipo de zapatilla deportiva apareció en los años …
a sesenta.
b ochenta.
c noventa.

4 La tecnología «Air» fue patentada en el año …
a 1976.
b 1986.
c 1996.

5 El modelo llamado «Air Terra Humara» fue desarrollado con la más moderna tecnología y diseñado por un …

LA MODA EN LOS PIES

Las zapatillas deportivas son un fenómeno social que ha transformado el modo de caminar y de pensar.

Las deportivas aparecen por primera vez en 1908, cuando Converse lanza al mercado un calzado de lona y suela de goma. En 1933 Converse presenta su primera zapatilla de baloncesto, con doce filas de ojales y un diseño que, con leves variaciones, mantiene su vigencia hasta finales de los años sesenta, cuando una nueva generación de calzado deportivo revoluciona el mercado. Desde entonces, la explosión de los deportes, del ocio, los viajes y el desarrollo de las comunicaciones han favorecido el uso masivo de un calzado que se ha convertido en un objeto indispensable a nivel mundial y un icono de la moda.

Las firmas más famosas continúan desarrollando investigaciones en sistemas más y más sofisticados, uno de cuyos hitos tuvo lugar en el lanzamiento de la tecnología «Air» de Nike, un sistema patentado en 1996 por

Mario Frank Rudy para la conocida marca y que se describe como «un gas a presión encapsulado en poliuretano». Otro resultado de este desarrollo tecnológico fue la «Air Terra Humara», un calzado para carreras desarrollado por el ingeniero californiano Peter Fogg, conocido por sus diseños arquitectónicos, que incluyen partes de aviones, prototipos espaciales y juegos electrónicos. Las Humara aportan estabilidad, tracción y adecuada sujeción, tanto para la alta competición como para la vida urbana. No sólo las llevan los deportistas sino también las llevan actores y actrices, modelos y estrellas de la música.

c Busca en el texto la información siguiente.

1 ¿Cuáles son las causas de la expansión de las zapatillas deportivas y de su uso en la vida normal?
2 ¿Qué aspectos indican el interés exagerado que existe por este tipo de calzado?
3 ¿Quién lleva este tipo de zapatillas?

d Encuentra en el texto las palabras similares a éstas.
1 actualidad
2 momento fundamental
3 agujeros
4 ciudadana
5 proporcionan
6 andar
7 cambios
8 famosa
9 mucha gente
10 presenta
11 zapatilla
12 pocas
13 símbolo

Secciones A y B *Gramática*

1 Contesta las preguntas.

Ejemplo: ¿Es éste el libro que compraste ayer? ➜ No, éste no es el que compré ayer. El que compré ayer es aquél.

1 ¿Es ésta la casa que alquilaron tus padres?
....
2 ¿Son éstas las fotos que hiciste en Madrid?
....
3 ¿Son éstos los amigos que conocisteis en la playa?
....
4 ¿Son éstas las flores que te envió tu novio?
....
5 ¿Es éste el abrigo que perdió tu hijo?
....
6 ¿Es ésta la pulsera que te compraron tus padres?
....
7 ¿Es éste el fax que tienes que mandar a tu jefe?
....

2 Sustituye las palabras subrayadas por pronombres personales.

Ejemplo: Compré unos zapatos para mí.
➜ Me compré unos zapatos.

1 Compré un regalo para mis padres.
2 José escribió un email a ti.
3 Envié un paquete para Luisa.
4 He preparado la comida para vosotros.
5 Limpié el cuarto a mi hijo.
6 Mis amigos compraron un regalo para mí.
7 Leí un poema a los estudiantes.
8 María sacó entradas para nosotros.

3 Sustituye las palabras subrayadas por pronombres personales de objeto indirecto (**me**, **te**, **le**, **nos**, **os**, **les**) y las palabras en cursiva por pronombres personales de objeto directo (**lo**, **la**, **los**, **las**). Recuerda: **le/les** + **lo/la/los/las** → **se lo/la/los/las**.

Ejemplo: Dimos *los juguetes* a nuestra hija ayer. → Se los dimos ayer.

1 Voy a comprar *esta camisa* para ti.
2 Enviaré *la carta* a mis padres.
3 Juan escribió *una postal* a nosotros.
4 Mis padres regalaron *un estéreo* a mi hermano.
5 Compré *unos regalos* para mis amigas.
6 Pepe dio *estas revistas* para vosotros.
7 Compraré *estas sandalias* para mí.
8 Trajeron *estos documentos* para mi madre.

Secciones C y D *Actividades*

1 Mira los dibujos y marca las cosas que están mal.

Ejemplo: El libro tiene unas páginas rotas.

no poder esquiar / no nieve
los remontes a la montaña / estropear / no poder subir

2 Pasaste tus últimas vacaciones en una estación de esquí, pero todo fue bastante mal. Escribe una carta a la agencia de viajes explicando los problemas que tuviste, usando las notas.

> **Muy señor mío:**
>
> **Las vacaciones que reservamos a través de su agencia fueron un desastre. En primer lugar . . .**
>
> *** * ***
>
> **Esperamos que nos devolverán el dinero que les pagamos.**
>
> **Saludos cordiales**

hotel / lejos de las pistas de esquí
hotel / viejo y mal cuidado
habitación: pequeña y fea
ventana: vistas a un patio cerrado, no a la montaña
calefacción: no funcionar
baño: sin agua caliente / ducha rota
piscina cubierta: sin agua
sauna: estropeada
noche: mucho ruido – una discoteca debajo de la habitación

3 **a** Completa el artículo «Consumo solidario» con palabras del cuadro.

actualidad   condiciones   creación
dañado   encontrar   elaborado   fabrican
fabricar   facilitarles   haciendo   instalarse
intermediarios   ofrecer   pagamos   pagan
impuestos   procedentes   producen
proporcionan   sabemos

b Contesta las preguntas.

1 ¿Por qué pensamos que las grandes compañías producen calidad?
....

2 ¿Qué beneficios llegan a las personas que fabrican y producen los productos?
....

3 ¿Qué beneficios ofrecen algunos gobiernos a las compañías para instalarse en sus países?
....

4 ¿Cómo obtienen estas compañías sus grandes beneficios económicos?
....

5 ¿Qué ventajas tiene el comercio justo para los trabajadores?
....

6 ¿En qué país aparece por primera vez el comercio justo?
....

7 Además de la calidad, ¿qué otras ventajas hay?
....

8 ¿Cómo se puede comprar cómodamente?
....

Las grandes compañías que **1** .... productos, como prendas de vestir, café y otros, nos hacen creer que los altos precios que **2** .... por ellos, son un signo de alta calidad, pero lo que no **3** .... es que muy poco de ese dinero llega a los obreros que los fabrican o a los campesinos que los **4** ....

En países de Centroamérica, por ejemplo, los gobiernos han cedido a compañías multinacionales todo tipo de facilidades para **5** .... : terrenos a muy bajo precio, e incluso gratis, quitando tierras a los campesinos, bajos **6** .... , bajos sueldos para los trabajadores, que trabajan muchas horas y en malas **7** ...., porque las leyes no los protegen. Así, las empresas pueden **8** .... productos a bajo precio que, después, cuando se venden a países ricos a altos precios les **9** .... grandes beneficios.

Ante esta situación, el comercio justo aparece para **10** .... a los campesinos y artesanos – generalmente de países de economía pobre – un precio justo por su trabajo y **11** .... la venta directa de sus productos a los consumidores, sin **12** .... Las tiendas de comercio justo o

tiendas de la solidaridad, venden los productos de estos artesanos y campesinos y los beneficios se les **13** .... directamente. Parte de los beneficios obtenidos van a proyectos de desarrollo, como la **14** .... de cooperativas autónomas.

La idea apareció en Holanda en los años 60 y en la **15** .... existen en Europa más de tres mil tiendas de comercio justo, y en España hay más de 30.

En estas tiendas podemos **16** .... desde alimentos, como café, chocolate o productos integrales, hasta artesanía, ropa, artículos de regalo y productos ecológicos **17** .... de América Latina, Asia y África.

La ventaja de comprar en estas tiendas es que, además de comprar calidad, tenemos la garantía de saber que en su producción no se ha **18** .... el medio ambiente, de que se han **19** .... sin explotar a niños o adultos y de que se ha pagado un precio justo a los trabajadores. También tienen la ventaja de que se puede comprar por catálogo, **20** .... la compra más cómoda y accesible a los que no pueden trasladarse a las tiendas.

Secciones C y D *Gramática*

1 Contesta las preguntas. Recuerda:
éste ➔ aquí; ése ➔ ahí; aquél ➔ allí.

Ejemplo: ¿Quieres la que está ahí? ➔
Sí, quiero ésa.

1 ¿Quieres el que está allí?
....

2 ¿Quieren (ellos) los que están aquí?
....

3 ¿Queréis las que están ahí?
....

4 ¿Quieren (ustedes) la que está allí?
....

5 ¿Quieres las que están aquí?
....

6 ¿Queréis el que está ahí?
....

7 ¿Quieres los que están allí?
....

8 ¿Quieren (ustedes) la que está aquí?
....

9 ¿Quieres las que están allí?
....

10 ¿Quieren (ellas) el que está aquí?
....

11 ¿Queréis los que están ahí?
....

2 Contesta las preguntas usando las claves.

Ejemplo: ¿Está estropeado el reloj? –Sí /
yo / comprar / ayer / y estropear ➔ Sí, lo
compré ayer y ya se ha estropeado.

1 ¿Están rotos los zapatos? –Sí / yo / comprar /
semana pasada / romperse
....

2 ¿Está sucia la cocina? –Sí / nosotros /
limpiar / ayer / ensuciarse
....

3 ¿Está estropeado el motor? –Sí / mecánico /
arreglar / ayer / y / estropearse
....

4 ¿Está rota la ducha? –Sí / vosotros / arreglar /
ayer / romperse
....

5 ¿Están estropeadas las luces? –Sí / yo /
arreglar / ayer / y /estropearse
....

6 ¿Están sucias las camisas? –Sí / yo / lavar /
el lunes / y / ensuciarse
....

3 Construye frases.

Ejemplo: El coche está estropeado. (ellos)
tener / arreglar ➔ Tienen que arreglarlo.

1 Necesitamos unas toallas. ¿(tú) poder /
comprar?
....

2 Hemos perdido las llaves. (nosotros) tener /
encontrar
....

3 Quieren dos taxis. hay / llamar
....

4 La carta está escrita. (tú) deber / enviar
....

5 La tubería está atascada y necesitan un
fontanero. hay / avisar
....

6 La comida se enfría. (vosotros) tener / comer
....

7 Los libros están desordenados en la
estantería. (yo) deber / ordenar
....

8 Las cuentas están mal. (ustedes) tener /
corregir
....

9

¿Qué te pasó?

Secciones A y B *Actividades*

1 Lee el artículo y di si las siguientes frases
son verdaderas (V) o falsas (F). Si son
falsas escribe las frases verdaderas.

Noticia de tráfico:
«Dos sustos en vez de uno»

Ayer dos jóvenes que viajaban en una
moto tuvieron un accidente grave con un
coche que viajaba en dirección contraria
por la carretera de Madrid. La mujer que
conducía el coche no iba en muy buenas
condiciones a causa del alcohol. La moto
en la que viajaban los jóvenes chocó de
frente con el coche y quedó destrozada.
Milagrosamente los jóvenes no sufrieron
heridas de gravedad, aunque la chica tenía
un corte en la cabeza que sangraba
abundantemente y el chico tenía una
pequeña herida en el brazo. Al bajar del
coche, la mujer, que tenía una pequeña
herida en la cara y estaba muy enfadada,
amenazó a los jóvenes con un cuchillo.
Los jóvenes se llevaron un gran susto.

En ese momento llegó la policía y detuvo
a la mujer. Los jóvenes fueron a declarar a
la comisaría de policía de la ciudad más
cercana.

1 Los jóvenes tuvieron la culpa del
accidente.
2 La mujer circulaba mal.

3 La mujer iba en el coche.
4 La moto no sufrió muchos daños.
5 La mujer estaba enferma.
6 Hubo tres heridos.
7 La mujer sufrió una herida en la cabeza.
8 La mujer ayudó a los jóvenes.
9 La mujer amenazó a los jóvenes con un
hacha.
10 La policía arrestó a los jóvenes.

2 Carlos escribe una carta a su amiga sobre
lo que le pasó la otra noche. Escríbela
completa, usando las claves.

Querida amiga:

*La otra noche me pasó algo muy
curioso . . .*

*Llover / hacer frío / muy
tarde / yo andar por una calle
oscura / un hombre seguirme / yo
empezar a correr / el hombre
correr también / yo muy
nervioso / llegar a mi casa /
llamar al timbre / mi mujer abrir
la puerta / yo entrar en casa /
llamar a la policía / venir dos
policías / yo contarles problema /
después de una hora hombre
llamar por teléfono / hombre
tener mi cartera / encontrarla en
la calle / y querer devolvérmela /
ser el hombre que seguirme en la
calle.*

Secciones A y B *Gramática*

1 Pon los infinitivos entre paréntesis en el tiempo adecuado del pasado.

1 Los empleados ……… (hablar) y ……… (reír) cuando ……… (llegar) el jefe y se ……… (enfadar).

2 Juan ……… (volver) a casa cuando lo ……… (atacar) unos ladrones.

3 Nosotros ……… (estudiar) para el examen cuando el profesor ……… (entrar) en la clase.

4 Yo ……… (cocinar) una paella para la comida del domingo cuando mis hijos ……… (llamar) y ……… (decir) que no vendrían.

5 Mis amigos y yo ……… (ver) una película cuando el televisor se ……… (estropear) y no ……… (poder) ver el final.

6 Anoche ……… (haber) mucha niebla, por eso nosotros no ……… (poder) salir de viaje.

7 Ayer ……… (llover) cuando yo ……… (salir) de compras y me ……… (mojar) mucho porque no ……… (tener) paraguas.

2 Escribe los verbos que están entre paréntesis en las formas correspondientes del pasado. Si usas el imperfecto usa **estar** + gerundio.

Ejemplo: (Llover) cuando (llegar) el autobús. ➜ Estaba lloviendo cuando llegó el autobús.

1 El otro día cuando (pasear) por la calle unos hombres (robarme) la cámara.

………………………………………

2 Cuando tú (llegar) al aeropuerto tu padre (esperarte).

………………………………………

3 María (cenar) con su familia cuando (llegar) sus amigos.

………………………………………

4 Cuando Luis (trabajar) su hijo (llamarlo) por teléfono.

………………………………………

5 Él (dormir) cuando vosotros (venir) a verle.

………………………………………

6 Mis padres (pasar) unos días en la playa cuando mi hermano (tener) el accidente.

………………………………………

7 Cuando Susana (nadar) en la piscina (darle) el ataque.

………………………………………

3 Escribe de nuevo las frases de Actividad 2 pero usa la forma del imperfecto.

Ejemplo: Estaba lloviendo cuando llegó el autobús. ➜ Llovía cuando llegó el autobús.

Sección C *Actividades*

1 a Completa el texto con las preposiciones correctas.

Alfonso durmió **1** ……… las once de la noche **2** ……… las nueve y media de la mañana. Luego preparó un proyecto **3** ……… su curso. Fue **4** ……… la universidad donde escuchó una charla **5** ……… la lucha **6** ……… el terrorismo. Después fue **7** ……… el centro donde había una tienda de regalos. Compró un collar de plata y la dependienta lo envolvió **8** ……… papel **9** ……… regalo. Volvió a su casa **10** ……… el parque.

El próximo día presentó el proyecto **11** ……… los jefes del departamento. Después, sus jefes hicieron comentarios y **12** ……… ellos, la presentación fue muy buena. **13** ……… la presentación tomó un café **14** ……… su novia en una cafetería que se encontraba **15** ……… la universidad y su casa. Le dio el regalo. Ella puso el paquete encima de la mesa mientras fueron al bar a elegir un pastel. El paquete se cayó **16** ……… la mesa.

b Busca catorce preposiciones en la sopa de letras. Hay dos del texto que no aparecen. ¿Cuáles?

```
B  I  N  P  S  T  E  C  E  S  A  N
I  A  N  T  E  U  N  P  O  S  T  R
C  U  J  S  I  S  T  H  D  E  B  L
S  U  C  O  N  T  R  A  U  Q  T  Q
R  F  D  B  O  J  E  C  J  H  I  E
Y  V  T  R  A  S  W  I  X  E  P  L
Q  S  B  E  M  X  H  A  S  T  A  G
I  B  D  L  T  P  Q  R  E  Y  R  Y
L  M  F  E  S  I  M  W  G  P  A  U
P  K  R  F  S  J  K  E  U  T  Y  J
O  I  S  H  Q  D  L  U  N  N  F  L
T  E  L  D  K  G  E  S  J  M  D  G
```

2 Pon en orden las frases que cuentan lo que le pasó a Carmen. Escribe también las preposiciones que faltan en las frases (si quieres puedes hacer esto antes). Recuerda **a + el = al** y **de + el = del**.

a Carmen llevaba el bolso colgado ………. el hombro

b de repente oyó unos pasos ………. ella

c el otro día Carmen volvía ………. el teatro

d ………. la avenida no había luces

e entonces se fue corriendo ………. la avenida

f ………. cancelar sus tarjetas de crédito

g era ………. noche, ………. las doce de la noche

h iba ………. su casa ………. pie

i la mujer se puso rápidamente ………. el lado ………. Carmen

j llovía ………. parar y hacía mucho frío

k no había nadie ………. la calle

l Carmen, ………. un gran susto, fue ………. casa

m y le arrancó el bolso ………. el hombro

n llamó ………. el banco ………. teléfono

o se volvió ………. atrás

p y vio ………. una mujer

Sección C *Gramática*

1 Pon las preposiciones que faltan en estas frases.

1 No encontré ………. Begoña ………. la oficina.

2 Mi trabajo consiste ………. enseñar matemáticas ………. los niños.

3 Trabajo ………. fontanero.

4 Marisa está enamorada ………. Luis.

5 Fui ………. la montaña ………. un grupo ………. estudiantes.

6 El protagonista ………. la película es un chico guapo, pero ………. dinero.

7 La chica corrió ………. la parada ………. el autobús.

8 No sé reaccionar ………. un problema.

9 El profesor habló ………. los cambios de clima ………. la conferencia que dio ………. los estudiantes ………. Geografía.

10 Sí, me encanta pasear ………. el parque ………. la hora de ir a cenar.

2 Ahora haz las preguntas que corresponden a cada frase de Gramática 1 [Sección C Gramática].

Ejemplo: No encontré a Begoña en la oficina. ➜ ¿Encontraste a Begoña en la oficina?

3 Decide: ¿**por** o **para**?

1 Estudia mucho ………. aprobar los exámenes con buenas notas.

2 Luis es rico, pero trabaja ………. hacer algo.

3 Compró muchos globos ………. la fiesta de su hijo.

4 Esto no sirve ………. nada.

5 No sale a la calle ………. miedo a los ladrones.

6 Tenemos que poner el aire acondicionado ………. el calor que hace.

7 Mi hermano trabaja ……… mi padre.

8 Sí, esta calle es sólo ……… peatones.

9 Perdieron el avión ……… culpa del tráfico.

10 Compró un coche grande ……… viajar con toda la familia.

4 Haz las preguntas correspondientes a las frases de Gramática 3 [Sección C]. (Nota: en algunos casos puedes poner **para qué** o **por qué**.)

Secciones D y E *Actividades*

1 Manuel cuenta algo que les pasó a él y a su novia. Elige del cuadro las palabras que faltan en el texto. Atención, porque las letras están mezcladas.

Ejemplo: ónescita ➜ *estación*

bavalle	ceih	cercóa	ciusa	dagena
lusoe	mosid	nevoj	dimospu	ónescita
ógpe	quenua	robes	galore	josvie
ñaquepe	ñezotapu	tanbaste	tospaza	
vanletó	rocrer	sablo	semitaca	vecerza

Ayer nos robaron la maleta. Estábamos sentados los dos, mi novia Marina y yo, en la cafetería de la **1** ………………… , en una mesa, y la maleta estaba en el **2** ………………… , a mi lado. Entonces alguien se **3** ………………… , cogió la maleta y me pegó un **4** ………………… . Era un hombre **5** ………………… , un chico de unos diecinueve o veinte años. El chico era **6** ………………… gordo y **7** ………………… el pelo muy corto. Llevaba una **8** ………………… blanca, muy **9** ………………… , y unos pantalones vaqueros muy **10** ………………… . El chico estaba tomando una **11** ………………… en la mesa de al lado y se **12** ………………… y cogió la maleta. La verdad es que no

comprendo por qué me **13** ………………… , porque yo no **14** ………………… nada cuando el chico cogió la maleta. Cuando nos **15** ………………… cuenta el chico salía por la puerta y se echó a **16** ………………… . Marina corrió detrás de él, pero no **17** ………………… alcanzarle y nadie hizo nada para pararlo. Ocurrió **18** ………………… las diez o diez y cuarto de la noche.

Lo sentí mucho por la maleta, era un **19** ………………… de mi madre, era muy bonita, **20** ………………… , marrón, de plástico duro, y **21** ………………… no llevábamos mucha ropa, era ropa que nos gustaba mucho, también llevábamos libros, cuatro pares de **22** ………………… , una **23** ………………… de aseo, una **24** ………………… electrónica y un cargador para el móvil.

2 **a** Manuel y Marina han ido a denunciar el robo a la comisaría. Lee las preguntas que les hace el policía y contéstalas usando la información que da Manuel en Actividad 1. Las preguntas no están en orden.

1 ¿A qué hora ocurrió aproximadamente?
…………………………………………

2 ¿Cómo era la maleta?
…………………………………………

3 ¿Cómo iba vestido el chico?
…………………………………………

4 ¿Dónde tenían la maleta?
…………………………………………

5 ¿Dónde tuvo lugar el robo?
…………………………………………

6 ¿Había algo más?
…………………………………………

7 ¿Pueden describir al chico?
…………………………………………

8 ¿Y cómo ocurrió?
…………………………………………

9 ¿Y cómo se la quitaron?

....

10 ¿Y por qué cree que le pegó a usted?

....

11 ¿Y qué había en la maleta?

....

12 ¿Y qué hicieron ustedes cuando cogió la maleta?

....

13 ¿Y vieron quién cogió la maleta?

....

14 A ver, señores, ¿qué les pasa?

....

b Las preguntas están mezcladas. Ponlas en orden siguiendo el relato de Miguel y escribe la conversación completa.

Secciones D y E *Gramática*

1 Une las preguntas de la Lista A con las respuestas correspondientes de la Lista B.

Lista A

1 ¿Qué hacía Luis?
2 ¿Qué hacían las niñas?
3 ¿Qué hicieron tus padres?
4 ¿Qué hizo Carmen?
5 ¿Qué hicisteis anoche?
6 ¿Qué hacían los chicos?
7 ¿Qué hacíais en el instituto?
8 ¿Qué hicieron las chicas?

Lista B

a Escaparon por la puerta de atrás.
b Estudiábamos Ciencias.
c Fueron al cine.
d Fuimos a la discoteca.
e Jugaban en el parque.
f Nadaban en la piscina.
g Paseaba por la calle.
h Salió a comprar al supermercado.

2 Eres amigo/a de Manuel y Marina. Cuenta lo que les pasó cambiando el número de ladrones y maletas a dos en vez de uno.

10

¿Qué te parece?

Secciones A y B *Actividades*

1 María tuvo una fiesta en su casa e invitó a muchos amigos. Cuando volvieron sus padres encontraron así el salón. ¿Qué habían hecho María y sus amigos? Usa los verbos del cuadro para escribir frases.

dejar   romper   ensuciar   quemar   estropear

Ejemplo: Cuando los padres volvieron a casa, María y sus amigos habían dejado botellas vacías por el suelo.

2 **a** Lee la carta de tu amiga donde te habla   **1** el cine **2** la lectura **3** el vídeo
de sus gustos. ¿Qué le gusta más a   **4** la televisión **5** el teatro **6** la ópera
Virginia? Pon en orden de preferencia

Hola,

Me preguntas en tu carta lo que me gusta hacer en mi tiempo
libre. Pues te diré que me encanta el cine, pero como
desgraciadamente no dispongo de mucho tiempo para salir e ir
al cine, de cuando en cuando veo las películas en vídeo, en casa,
no es lo mismo, pero está bien. De vez en cuando voy al cine a
ver alguna película especial. También me gusta muchísimo leer y
los libros que prefiero son los de misterio. Leo a menudo, casi
todos los días. También me gusta leer libros de historia y en
general libros que me hacen pensar. Últimamente he leído
bastantes libros cómicos porque me canso de leer cosas tristes. En
cuanto al cine, también me gustan las películas de misterio y las
policíacas, pero no me gustan las de terror con mucha sangre y
violencia, esas las veo muy poco. El teatro me gusta bastante,
incluso más que el cine, pero apenas voy y eso que me gustaría
ir más a menudo, pero el teatro aquí es muy caro y no tengo
bastante dinero. Y, desde luego, nunca voy a la ópera, porque
es carísima aunque me da pena porque es lo que más me gusta.
A ratos veo la televisión, pero no mucho porque los programas
suelen ser bastante malos y los que hay buenos los echan muy
tarde y yo ya estoy cansada y me voy a dormir. Desde luego
prefiero el cine, aunque si hay algún documental bueno en
televisión, lo que sucede muy pocas veces, suelo verlo. Por lo
demás, siempre que puedo leo el periódico y alguna revista, en
concreto revistas de política y de actualidad, que me interesan
mucho. Realmente, de todo, lo que más me gusta es leer,
porque puedo hacerlo en casa y es barato ya que traigo los
libros de una biblioteca.

Un abrazo

Virginia

b Contesta las preguntas.

1 ¿Por qué no va mucho al teatro o a la ópera?

....

2 ¿Por qué no ve televisión?

....

3 ¿Por qué va poco al cine?

....

4 ¿Por qué lee más?

....

5 ¿Qué libros le gustan más?

....

6 ¿Por qué lee libros cómicos?

....

7 ¿Qué tipo de películas no le gustan?

....

c Di qué hace/qué ha hecho . . .

1 a menudo

....

2 a ratos

....

3 apenas

....

4 de cuando en cuando

....

5 siempre que puede

....

6 de vez en cuando

....

7 muy pocas veces

....

8 nunca

....

9 últimamente

....

3 Escribe una carta similar a la de Actividad 2. Usa las mismas expresiones.

Secciones A y B *Gramática*

1 Forma frases completas y añade **ya** o **aún**.

Ejemplo: nosotros llegar a la oficina / la reunión empezar ➜ Cuando nosotros

llegamos a la oficina, la reunión ya había empezado.

1 mi madre y yo llegar a casa / mi padre hacer la comida
2 vosotros llamarme por teléfono / yo no cenar
3 yo llamar por teléfono a Carlos / (él) salir de compras
4 la fiesta empezar / Luis no comprar todas las bebidas
5 mi hermano tener el accidente / yo no volver de mis vacaciones
6 tú entrar en casa / nosotros empezar a comer
7 mis padres llegar al apartamento / yo no limpiarlo
8 los ladrones robarme el bolso / yo gastar todo mi dinero

2 **a** Une cada expresión de la Lista A con una expresión similar de la Lista B.

Lista A
1 a menudo
2 a ratos
3 apenas
4 de cuando en cuando/de vez en cuando
5 muy pocas veces
6 nunca
7 últimamente

Lista B
a recientemente
b casi nunca
c no muy a menudo
d a veces
e alguna vez
f jamás
g muchas veces

b Escribe las frases que aparecen con las expresiones de la Lista A en el texto de Actividad 2 (**Actividades**) y sustitúyelas con las frases de la Lista B.

Leo a menudo ➜ Leo muchas veces.

Secciones C y D *Actividades*

1 **a** Lee el argumento de una película titulada 'Abandono'. Es la historia de Fernando, un ejecutivo moderno. Pon los verbos que están entre paréntesis en la forma correspondiente del pasado.

Fernando era un ejecutivo muy ocupado. Siempre **1** .... (tener) demasiado trabajo. Sus jefes le trataban bien pero sólo si hacía bien el trabajo y **2** .... (ganar) mucho dinero para la empresa. Si tenía algún problema y **3** .... (perder) clientes o dinero le echaban la culpa a él. Esto le creaba mucha tensión y cuando **4** .... (volver) a casa, siempre tarde, **5** .... (enfadarse) con su mujer y gritaba a sus hijos por cualquier tontería. Su jornada de trabajo era larguísima, muchos días **6** .... (trabajar) más de doce horas. Cuando llegaba a casa, normalmente sus hijos ya **7** .... (acostarse) y muchas veces su mujer **8** .... (dormirse) también, esperándolo. La mayoría de los fines de semana se llevaba trabajo a casa y no tenía apenas tiempo libre. Además, muchas noches tenía que salir a cenar con clientes y otros ejecutivos de su empresa y no **9** .... (regresar) hasta altas horas de la madrugada. También hacía numerosos viajes de negocios y **10** .... (pasar) largas temporadas fuera de casa. No **11** .... (ser) feliz. Un día, cuando **12** .... (llegar) a casa después de uno de sus muchos viajes de negocios, su mujer **13** .... (marcharse) y **14** .... (llevarse) a sus hijos con ella. Fernando encontró una nota en la que le **15** .... (decir) que se iban a vivir a otra ciudad. Al principio él creyó que era una broma, pero al día siguiente cuando volvió a casa y no **16** ....

(encontrar) ni a su mujer ni a sus hijos **17** .... (darse) cuenta de que la situación era peor de lo que imaginaba. Llamó a sus suegros, pero su mujer no **18** .... (ir) por su casa y no les **19** .... (decir) nada. La **20** .... (buscar) por muchos sitios, pero no la encontró. Su mujer y sus hijos no **21** .... (estar) en ninguna parte.

Pasó meses buscando a su familia y poco a poco dejó de trabajar como antes ya que dedicaba todo el tiempo a buscar y buscar. Sus jefes lo llamaron a la oficina y lo **22** .... (despedir) porque ya no trabajaba como antes y no hacía dinero para la empresa. Fernando **23** .... (quedarse) sin trabajo y, al poco tiempo, se quedó también sin dinero. Ahora vive solo y está buscando empleo en una empresa parecida a la suya, aún sigue buscando a su familia.

b Lee la frases y di si son verdaderas (V) o falsas (F).

1 Fernando trabajaba mucho para su empresa. ....

2 Sus jefes siempre le trataban bien. ....

3 Se enfadaba mucho con su mujer, pero no con sus hijos. ....

4 Cuando volvía a su casa nadie estaba despierto. ....

5 Los fines de semana tampoco tenía tiempo para su familia. ....

6 Hacía muchos viajes de negocios con su mujer. ....

7 Su mujer fue a vivir a casa de sus padres. ....

8 La mujer se marchó con sus hijos. ....

9 Después de varios meses encontró a su familia. ....

10 Fernando dejó de trabajar como antes. ....

11 Ahora ha vuelto a trabajar para su empresa. ....

c Busca en el texto las palabras o frases equivalentes a las siguientes.

1 compañía   *empresa*
2 algo poco serio ....
3 casi todos ....
4 continúa ....
5 cosas sin importancia ....
6 día laboral ....
7 estrés ....
8 hablaba en voz alta y agresivamente
    ....
9 le acusaban ....
10 lugar ....
11 mucho tiempo ....
12 muy tarde por la noche ....
13 padres de su mujer ....
14 paró de ....
15 pasaba todas las horas ....
16 pensaba ....
17 perdió su puesto ....
18 similar ....
19 trabajo ....
20 volvía ....

Secciones C y D *Gramática*

1 Lee el argumento de esta película que cuenta Mari Mar y escríbelo usando el pasado.

Ejemplo: Es un niño, ya adolescente . . .
➜ Era un niño, ya adolescente . . .

El Novato
Es un niño, ya adolescente, que es muy ambicioso, quiere ganar dinero rápido y se introduce en el mundo de la mafia.
Conoce a un mafioso importante de la ciudad donde se basa la película, y él le va introduciendo en el campo de la mafia, le va enseñando los trucos hasta que llega un momento en que él se hace el jefe de toda la banda y se hace el jefe de toda la ciudad.

2 Contesta.

Ejemplo: Es una película estupenda, ¿verdad? ➜ Sí. ¡Qué película tan estupenda!

1 Es un argumento muy interesante, ¿verdad?
....
2 Los actores son extraordinarios, ¿verdad?
....
3 La historia es muy extraña, ¿verdad?
....
4 La música es fabulosa, ¿verdad?
....
5 El protagonista es muy guapo, ¿verdad?
....
6 El tema es muy difícil, ¿verdad?
....
7 Este personaje es muy antipático, ¿verdad?
....

11

¡Ayúdame!

Sección A *Actividades*

1 **a** Lee el artículo sobre regalos y juguetes.
Pon los verbos en la forma **tú** del
imperativo.

¿Qué le vas a regalar?

Si quieres comprar algo para un niño o una niña, lee este artículo y sigue sus consejos.

1 Principalmente (tener) cuidado con la publicidad. (Recordar) que no es mejor el juguete más anunciado. Desgraciadamente los niños se dejan influir fácilmente por la publicidad.

2 (Elegir) juguetes educativos que hacen pensar, y no simplemente juguetes bonitos.

3 (Regalar) juguetes que requieren la participación activa del niño, y nunca juguetes bélicos o violentos.

4 (Dar) al niño o a la niña juguetes adecuados para cada edad y capacidad. Un niño muy pequeño no jugará si no sabe qué hacer con los juguetes.

5 (Evitar) comprar demasiados juguetes. Los niños no deben ser víctimas del consumo irracional tan jóvenes.

6 (Comprar) juguetes indiferentemente del sexo del niño. No hay juguetes más adecuados para un sexo que para otro.

7 (Tener) cuidado siempre al elegir un juguete para los más pequeños. No debe presentar ningún peligro ni tener partes muy pequeñas, como ojos o ruedas que pueden tragarse fácilmente.

8 Por último, (exigir) calidad, precio adecuado al juguete que compra. El juguete debe ser igual a lo que se anuncia en el envase.

9 Y (recordar), las instrucciones deben ser precisas y claras y escritas en español. De todas formas, (probar) el juguete antes de comprarlo.

b Une cada texto con el dibujo
correspondiente en la página 60.

2 a Lee el horóscopo de los regalos y pon los verbos del cuadro en la forma del imperativo correspondiente. Atención, no olvides los pronombres.

aguantar   comerlo   darle   hacer (x2)
invitarlo/la   irse   leerla   llevar
pedirle   llevarlo/la   marcharse (x2)
ponérselo   prepararle   regalarle/
comprarle (x8)   tomar   tomarlo

Aries

Le encantan las joyas y los objetos de lujo. .... un bonito reloj o un collar de perlas y le harás feliz con una joya o con un objeto relacionado con temas militares.

Tauro

Le encantan los viajes exóticos. .... una sorpresa y .... una reserva para él/ella en un vuelo a cualquier lugar de Centroamérica o al Amazonas y .... juntos, te lo agradecerá.

Géminis

Le encantan los perfumes caros y la ropa. .... un buen perfume y muchas camisetas con estilo. .... a una persona Géminis a cenar a un restaurante de lujo y te lo agradecerá para siempre.

Cáncer

Le encanta la fotografía artística y la pintura. .... que te haga un retrato y lo hará con gusto. .... a visitar una exposición fotográfica y .... algo juntos en un lugar tranquilo.

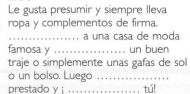

Leo

Le gusta presumir y siempre lleva ropa y complementos de firma. .... a una casa de moda famosa y .... un buen traje o simplemente unas gafas de sol o un bolso. Luego .... prestado y ¡ .... tú!

Virgo

Le gusta mucho comer dulces.
.... un buen pastel de
cumpleaños y .... juntos.

Libra

Le fascina leer un buen libro.
.... una buena novela
negra y .... juntos las
tardes lluviosas de domingo.

Escorpio

Le gusta la magia y le encantan los
horóscopos. .... a un
adivino para saber vuestro futuro
juntos. Pero cuida, quizás el vuestro
no es un buen futuro en común.

Sagitario

Todo lo que tiene que ver con la vida
al aire libre le encanta. ....
unas botas y .... de
excursión juntos por la montaña.
¿Que a ti no te gusta? Pues
.... un pequeño sacrificio
y .... con una sonrisa.

Capricornio

Viven para el trabajo. Su trabajo es
vital para ellos/ellas. ....
un abrecartas, una agenda.

Acuario

Le encantan los monumentos y el
agua. .... una fuente para
su jardín.

Piscis

.... cualquier objeto
relacionado con el mar.

b Contesta las preguntas.

¿A qué signo(s) . . .

1 le gustan los caramelos? ....

2 le gusta visitar lugares interesantes?
....

3 le gusta trabajar? ....

4 le gusta visitar edificios antiguos?
....

5 le gusta la lectura? ....

6 le gusta el arte? ....

7 le gusta salir al campo? ....

8 le gustan las joyas? ....

9 le gusta vestir bien? ....

10 le gusta adivinar el futuro? ....

11 le gusta la costa? ....

Sección A *Gramática*

1 Transforma las frases siguientes usando el
imperativo.

Ejemplo: Tienes que comprar esta camisa,
es la más bonita. ➜ *Compra esta camisa,
es la más bonita.*

1 ¿Vas a cerrar la ventana o no?
....

2 Debes tener cuidado con tu trabajo.
....

3 Tienes que callarte cuando habla el profesor.
....

4 ¿Vas a hacer los deberes o no?
....

5 ¿Vas a abrir la puerta? Están llamando.
....

6 Debes repetir la frase varias veces.
....

7 Tienes que estudiar más; si no, no
aprobarás los exámenes.
....

8 Debes venir a casa antes.
....

2 Transforma las frases, usando los
imperativos con pronombres personales.

Ejemplo: Tienes que comprar un abrigo
para tu hija. ➜ *Cómpraselo.*

1 Tienes que ponerte esta camisa, es muy
bonita.
....

2 Tienes que darle los libros al profesor.

....

3 Debes explicar la lección al estudiante otra vez.

....

4 Tienes que escribir una carta a tu hermana.

....

5 Debes preparar el desayuno para los niños.

....

6 Debes regalar unos pendientes a tu hija.

....

7 Debes alquilar un coche para tus hermanas.

....

8 Debes dar la comida a las niñas.

....

9 Tienes que dar las flores a tu madre.

....

10 Tienes que comprar una casa para tus padres.

....

Secciones B y C *Actividades*

1 **a** Lee el artículo sobre los errores que hacemos en nuestra dieta habitual. Une cada error con el dibujo correspondiente.

b Escribe un consejo para cada error.

Muchas personas que quieren adelgazar cometen muchos errores cuando planean sus propias dietas sin consultar a un especialista. Éstos son:

1 No comer la comida del mediodía. Tendrás más hambre en la cena y devorarás los alimentos.

2 Comer la fruta como postre: la digestión es más lenta. Es mejor comer la fruta en ayunas.

3 No usar el aceite de oliva crudo: este aceite es excelente y previene las enfermedades cardiovasculares.

4 No comer frutos secos y nueces: son un tipo de grasa positiva, pero no se deben comer demasiados.

5 No comer pescado azul o graso. Este tipo de pescado tiene muchas vitaminas y no engorda tanto como se cree.

6 No comer pan. El pan no engorda tanto como se cree.

7 No beber por lo menos un litro y medio o dos litros de agua al día. El agua no engorda y es esencial.

8 No comer de todo, no hacer una dieta variada. Las dietas en que se come uno o dos alimentos solamente son muy perjudiciales.

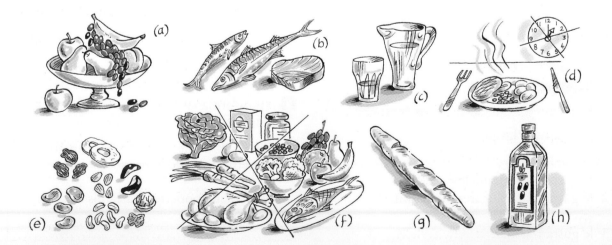

(a) (b) (c) (d) (e) (f) (g) (h)

2 Lee estas frases y escribe las frases negativas que tienen el mismo significado. Intenta hacerlo sin mirar los verbos del cuadro, pero míralos si necesitas ayuda.

> beber comer conducir ensuciar hacer hacer malgastar molestar olvidar viajar

Ejemplo: Respeta las plantas. ➜ No estropees las plantas.

1 Mantén limpia la playa.

....

2 Usa bien el agua y la electricidad.

....

3 Respeta a los demás.

....

4 Lleva bolsas de basura.

....

5 Bebe con moderación.

....

6 Haz fuego en lugares permitidos.

....

7 Ve a pie.

....

8 Mantén el silencio.

....

9 Come poco.

....

10 Conduce con prudencia.

....

Secciones B y C *Gramática*

1 Pon las frases en el imperativo negativo, en la forma **tú**.

Ejemplo: No puedes salir. ➜ No salgas.

1 No puedes ir al cine.
2 No puedes ver esta película.
3 No puedes hacer el trabajo ahora.
4 No puedes comprar el coche.
5 No puedes escribir el email.
6 No puedes apagar la luz.

7 No puedes venir siempre tarde.
8 No puedes cruzar por aquí.

2 Pon las frases de Actividad 1 en el imperativo negativo, en la forma **usted**.

Ejemplo: No puedes salir. ➜ No salga.

3 Transforma las frases.

Ejemplo: Tengo frío, ¿me puedes dejar esta chaqueta? ➜ Déjamela.

1 Quiero leer algo. ¿Me puedes prestar este libro?
2 Estos zapatos son bonitos. ¿Te puedes probar estos zapatos?
3 ¿Tienes los cuadernos? ¿Me puedes dar los cuadernos?
4 Este vestido está sucio. ¿Puedes cambiarte el vestido?
5 Este reloj es muy bonito para Ana. ¿Puedes regalarle este reloj?
6 Me gustan estos pantalones. ¿Puedes comprar estos pantalones para mí?
7 Esta cartera es muy buena. ¿Puedes regalarle la cartera a María?

Secciones D y E *Actividades*

1 En este artículo faltan algunos verbos que están en el cuadro. Elige el verbo adecuado y escríbelo en imperativo plural (**vosotros**).

Ejemplo: Si vais a la playa, contribuid a mantenerla limpia.

Atención: En Hispanoamérica esta forma no se usa; se usa la forma **ustedes**. (Ver Ejercicio 2.)

Ejemplo: Si van a la playa, contribuyan a mantenerla limpia.

> aprender comprar contribuir hacer ir llevar recordar respetar respetar ser tener tener usar utilizar venir viajar

Vacaciones y medio ambiente

Seguid nuestros consejos y lo pasaréis mejor en las vacaciones.

Si vais a la playa **1** ....contribuid.... a mantenerla limpia. **2** .... siempre bolsas para la basura. **3** .... las plantas y los animales. Si viajáis a otros países **4** .... antes las costumbres locales y **5** .... respetuosos con ellas. **6** .... productos locales. **7** .... bien el agua y la electricidad. **8** .... el silencio, si queréis escuchar música en la playa, **9** .... cascos para no molestar a los demás.

10 .... mucho cuidado con el fuego en el bosque. **11** .... fuego solamente en lugares permitidos, **12** .... que cada verano hay algún incendio. **13** .... en bicicleta o **14** .... a pie. Si tenéis que hacer recorridos largos, **15** .... en cuenta que el transporte más ecológico es el tren. Y por último, **16** .... a España a divertiros y a aprender cómo somos los españoles.

2 Escribe ahora el mismo texto de Actividad 1 con la forma **ustedes**.

Ejemplo: Si van a la playa, contribuyan a mantenerla limpia.

Secciones D y E *Gramática*

1 Pon las frases en el imperativo plural (forma **usted**).

Ejemplo: Empezad el examen. ➜ Empiecen el examen.

1 Escuchad al profesor.
2 Hablad en voz baja.
3 Salid por la puerta de atrás.
4 Llamad a los niños.
5 Terminad los deberes.
6 Poned los libros sobre la mesa.
7 Venid a comer el domingo.
8 Sed puntuales.
9 Leed este libro.
10 Decid la verdad.

2 Transforma las frases de **tú** a **vosotros**. Recuerda: haz los cambios necesarios en toda la frase.

¡Atención!: cuando las formas en –**ad**, –**ed**, –**id** llevan el pronombre personal (**os**) detrás, pierden la **d** final: **llevad** ➜ **llevaos**.

Ejemplo: Llévate a los niños al parque. ➜ Llevaos a los niños al parque.

1 Ponte el abrigo, si no tendrás frío.
....
2 Vente al cine conmigo.
....
3 Cómprate este collar, es precioso.
....
4 Vístete, niño, vamos a salir.
....
5 Dúchate mientras preparo la comida.
....
6 Márchate ya, llegarás tarde.
....
7 Cuídate mucho, no debes trabajar todavía.
....
8 Báñate, el agua está muy buena.
....

12

¿Qué me aconsejas?

Secciones A y B *Actividades*

1 Une las frases de las tres listas (A, B y C).

Lista A

1 Es mejor que te
2 Espero que mi hermana
3 Quiero que mis hijos
4 Te recomiendo que
5 Es aconsejable que usted
6 Me molesta que
7 Cuando vengas
8 Deseo que el mal tiempo

Lista B

a estudien mucho para que
b haya tanta gente que
c levantes pronto
d pase pronto para que
e pidas el pescado
f salga más de casa para que
g te presentaré a mis hermanas
h venga a verme pronto

Lista C

i   no respeta la naturaleza.
ii   podamos salir a pasear.
iii porque está muy fresco.
iv   porque la echo de menos.
v   porque si no llegarás tarde al trabajo.
vi   porque son muy simpáticas.
vii saquen buenas notas en los exámenes.
viii se recupere pronto.

2 a Completa los consejos con los verbos en
la forma correspondiente – si necesitas
ayuda, encontrarás los verbos, en
infinitivo, en el cuadro.

comer   comprar   conducir   dejar   leer
llevar   mirar   poner   poner   tirar   usar
vestir

1 Es mejor que .... menos
grasas, no es bueno para tu salud.
2 (vosotros) No .... papeles al
suelo.
3 Es importante que (tú) ....
el espejo retrovisor antes de arrancar.
4 Te sugiero que .... cheques
de viaje.
5 Te aconsejo que .... la
etiqueta para saber lo que lleva esto, antes
de probarlo.
6 Le sugiero que (usted) ....
tejidos naturales.
7 Es aconsejable que (usted)
.... despacio por aquí.
8 Es mejor que (él) .... la
tarjeta de crédito en lugar seguro.
9 Es aconsejable que (vosotros) no
.... rotuladores elaborados
con sustancias contaminantes.
10 (ustedes) No .... cosas que
lleven mucho envoltorio.
11 Te sugiero que no te ....
tanto maquillaje.
12 (tú) No .... las persianas
cerradas si sales de viaje.

b Di a qué categoría corresponden los
consejos.
A Medio Ambiente   **B** Seguridad
C Salud   **D** Tráfico
E Belleza y moda

Secciones A y B *Gramática*

1 Transforma las frases.

Ejemplo: Debes tomar la medicina. (mejor)
➔ Es mejor que tomes la medicina.

1 Tienes que ir a trabajar pronto. (mejor)
....

2 Tienes que hacer los deberes. (aconsejar)
....

3 Debes salir todos los días a pasear.
(recomendar)
....

4 Debes ver la película, es muy buena. (sugerir)
....

5 Tienes que llegar pronto a la reunión.
(mejor)
....

6 Debes poner las plantas al sol. (recomendar)
....

7 Tienes que traer a tus amigos a la fiesta.
(sugerir)
....

2 Contesta las preguntas.

Ejemplo: ¿Qué tomamos, café o chocolate?
–(yo) recomendar (ustedes) tomar café ➔
Les recomiendo que tomen café.

1 ¿A dónde vamos, a la playa o a la montaña?
–(nosotros) aconsejar (vosotros) a la
montaña
....

2 ¿Qué trabajo elijo, el de secretario o el de
recepcionista? –(yo) sugerir (usted) elegir el
de recepcionista
....

3 ¿Qué regalo le compro a Ana, un reloj o
unos pendientes? –(mejor) (tú) comprar un
reloj
....

4 ¿Vamos al cine o al teatro? –(yo)
recomiendo (vosotros) ir al teatro
....

5 ¿Qué estudio, química o matemáticas? –
(nosotros) aconsejar (tú) estudiar química
....

6 ¿A quién le damos el premio, a Luis o a
Carlos? –(nosotros) sugerir (vosotros) dar el
premio a Carlos
....

7 ¿Qué pongo para cenar hoy, carne o
pescado? –(yo) recomendar (tú) poner
pescado
....

Secciones C, D y E *Actividades*

1 Escribe los infinitivos entre paréntesis en
la forma correspondiente.

1 Deseamos que .... (haber)
paz en el mundo.

2 Quiero que mi empresa ....
(recuperarse) económicamente.

3 Me apena que tanta gente no
.... (poder) comer.

4 Quiero que mi padre ....
(seguir) en su puesto.

5 Me da pena que estas enfermedades no
.... (poder) curarse.

6 Me gusta que .... (haber)
silencio en mi edificio.

7 Deseamos que ....
(descubrirse) curas para muchas
enfermedades.

8 Me gusta que mis hijos ....
(ser) educados con la gente.

9 Me horroriza que ....
(haber) tantas guerras.

10 Me molesta que .... (existir)
diferencias tan grandes.

11 Me preocupa que nosotros
.... (tener) tantas deudas.

12 No me gusta que los vecinos
.... (hacer) tanto ruido.

13 Quiero que mi equipo ....
(ganar) el campeonato.

14 Me molesta que ellos .... (portarse) mal en público.

15 Quiero que todas las personas .... (ser) iguales.

16 Tengo miedo de que .... (echarle) de su trabajo.

17 Deseo que .... (acabarse) el hambre en el mundo.

18 Me disgustaría que .... (perder) el próximo partido.

2 a ¿Qué frases de Actividad 1 indican 'deseo' y qué frases indican 'queja' o 'molestia'? ¿Qué frases indican algo general y algo personal? Completa el cuadro.

	deseo	queja/molestia
general		
personal		

b Forma parejas con las frases correspondientes (un deseo corresponde a una queja).

Ejemplo: **15** Quiero que todas las personas sean iguales. + **10** Me molesta que existan diferencias tan grandes.

3 Lee esta carta y pon los verbos en la forma correcta.

Querido Luis,

(Recibir) tu carta (hacer) una semana, pero no (poder) (escribir) antes porque (tener) mucho trabajo.

(Decirme) en tu carta que (tener) muchos problemas y me (pedir) consejo, pero yo no (saber) bien

qué (aconsejarte). Yo (creer) que (ser) mejor que (buscar) otro trabajo ya que el que (tener) no te (gustar) y no (ser) conveniente que (seguir) en él.

(Aconsejarte) que (mirar) los anuncios del periódico y que (ir) a las agencias de empleo. Ellos (ayudarte) seguramente.

El problema con tu novia (ser) distinto. (Sugerirte) que (hablar) con ella cuanto antes, y si (creer) que no (quererla), (ser) mejor que (dejar) de (verla), al menos por el momento. Dudo que se (molestar) mucho.

(Esperar) que todo (arreglarse) pronto porque (querer) que (ser) feliz.

Un abrazo,

Javier

4 La carta de Actividad 3 es una respuesta a otra carta anterior que escribió Luis. Escribe esa carta utilizando la información que hay en la respuesta.

Secciones C, D y E *Gramática*

1 Transforma las frases.

Ejemplo: Quiero aprender a conducir (mi hija) ➔ Quiero que mi hija aprenda a conducir.

1 Quiero aprobar los exámenes. (mis hijos)

....

2 Quiero ir a la universidad y estudiar una carrera. (vosotros)

....

3 Me gustaría encontrar trabajo en una oficina. (mi hermano)

....

4 Deseo viajar al extranjero. (mi hijo)

....

5 Me gustaría casarme con alguien inteligente. (tú)

....

6 Quiero comprar una casa grande con piscina. (mis padres)

....

7 Deseo comprarme un coche muy grande. (mis amigos)

....

8 Deseo tener menos trabajo. (vosotros)

....

9 Quiero ganar un premio en la lotería. (nosotros)

....

2 Pon los verbos entre paréntesis en la forma correspondiente. Pero, atención, no todos son subjuntivos.

1 Es importante que tú .... (estudiar) más español para que .... (subir) de nivel.

2 Yo no quiero .... (quedarme) en casa toda la tarde, quiero que vosotros .... (venir) conmigo al cine.

3 Te aconsejo que .... (pensar) lo que vas a .... (hacer) en el futuro para que .... (poder) decidir las asignaturas que .... (querer) estudiar.

4 ¡Niño, ... (portarte) bien! No me gusta que los niños .... (hacer) ruido y me molesta mucho que tú .... (portarte) mal.

5 No quiero .... (acostarme) tarde porque mañana .... (estar) muy cansada y no quiero .... (llegar) tarde al trabajo y que .... (despedirme).

6 Quiero que mi hermano .... (trabajar) en mi empresa cuando él .... (venir) a vivir aquí, pero dudo que .... (estar) cualificado para .... (realizar) este tipo de trabajo.

7 Cuando .... (venir) a vivir a mi ciudad, yo .... (presentarte) a mis amigos para que .... (conocer) a más gente.

8 Es mejor que vosotros .... (volver) a casa pronto y así cuando .... (llegar) Ana y Carlos .... (poder) ir a dar un paseo todos juntos.

9 Tienes que .... (ayudar) a tu hijo para que .... (aprobar) el examen, pero también es necesario que él .... (hacer) siempre todos los deberes.

13

¿Qué harías?

Secciones A y B *Actividades*

1 Escribe preguntas utilizando frases del cuadro.

> acompañarme – arreglarlo – entrar a verle – explicármela – hacerlo fuera – abrir la ventana – invitarnos a comer con ellos – llevarme en tu coche – prestárselos – probarlo – venir con nosotros

Ejemplo: ¡Qué frío hace! ¿(usted) poder? (+ cerrar la puerta) ➜ *¿Podría cerrar la puerta?*

1 ¡Qué calor hace! ¿(tú) poder?

....

2 ¡Qué tarde es! ¿(tú) importarte?

....

3 Está prohibido fumar aquí. ¿(usted) poder?

....

4 El señor Garcés le está esperando. ¿(usted) tener la amabilidad de?

....

5 No quiero volver solo a casa. ¿(tú) querer?

....

6 Mis padres no han traído esquís. ¿(vosotros) importaros?

....

7 Queremos conocer a sus amigos. ¿(ustedes) importarles?

....

8 Vamos a ir a nuestra casa de la playa. ¿(vosotros) querer?

....

9 He hecho un pastel. ¿(vosotros) gustaros?

....

10 No comprendo la lección. ¿(tú) importarte?

....

11 El coche está estropeado. ¿(usted) poder?

....

2 **a** Lee la entrevista de trabajo y pon los infinitivos en paréntesis en la forma correspondiente del condicional (**-ría**).

Entrevista de trabajo

(DP = Director de personal; E = Elisa)

DP: ¿Cuál es pues su proyecto a largo plazo?

E: Pues a largo plazo me **1** .... (encantar) poder trabajar como ejecutiva en una empresa parecida a ésta, en una empresa puntera. **2** .... (Desear) ascender poco a poco. Y también me **3** .... (gustar) ganar un buen sueldo. Pero ahora este puesto de secretaria bilingüe **4** .... (ser) ideal para mí. Además **5** .... (poder) practicar los tres idiomas que hablo.

DP: Entonces, ¿cuál **6** .... (ser) su sueldo ideal?, porque el sueldo que le **7** .... (ofrecer) nosotros, caso de darle a usted el puesto, no **8** .... (ser) muy alto…

E: Pues en estos momentos no me **9** .... (importar) ganar poco, lo que yo **10** .... (querer), **11** .... (ser) adquirir experiencia.

DP: ¿Pero está usted segura de que se **12** .... (sentir) satisfecha en un puesto como éste?

E: Sí, por supuesto; además trabajar en una empresa como la suya **13** .... (ser) muy importante para mí, creo que **14** .... (estar) muy a gusto con ustedes.

DP: ¿Y qué cualidades cree usted que **15** .... (poder) aportar a la empresa?

E: Pues soy eficaz y adaptable. Aunque no tengo experiencia, creo que **16** .... (aprender) rápidamente y me **17** .... (integrar) fácilmente en su equipo.

DP: ¿Y cuándo le **18** .... (interesar) empezar?

E: Pues cuanto antes mejor.

DP: **19** ¿(Estar) .... dispuesta a viajar frecuentemente?

E: Sí, por supuesto, **20** .... (aceptar) encantada esa oportunidad. No **21** .... (tener) ningún problema, ya que vivo sola.

DP: En ese caso, **22** .... (trabajar) usted hasta muy tarde, o los fines de semana, ¿lo **23** .... (hacer)?

E: Sí, por supuesto, **24** .... (hacer) todo lo necesario, no me **25** .... (importar) adaptarme a cualquier horario.

b Di si las frases son verdaderas (V) o falsas (F).

1 El trabajo para el que entrevistan a Elisa es de ejecutiva. ....
2 Esta empresa es importante. ....
3 Elisa no sabe idiomas pero quiere aprender y practicar. ....
4 Elisa querría ganar un buen sueldo en este trabajo. ....

5 El sueldo que le pagarían no sería muy alto. ....
6 El director de personal cree que quizás Elisa no se sentiría a gusto en este puesto. ....
7 Elisa dice que aprendería despacio, pero bien. ....
8 Elisa dice que le gustaría trabajar con los demás empleados, en grupo. ....
9 No puede empezar inmediatamente. ....
10 Elisa dice que no le gustaría viajar a menudo. ....
11 A Elisa no le importaría trabajar los domingos. ....

Secciones A y B *Gramática*

1 Transforma las frases.

Ejemplo: Quiero escuchar música clásica.
→ *Escucharía música clásica.*

1 Quiero brindar con champán.
....
2 Quiero viajar por todo el mundo.
....
3 Quiero trabajar en esta empresa.
....
4 Quiero ir a la montaña.
....
5 Quiero tener vacaciones.
....
6 Quiero leer todo el día.
....
7 Quiero hacer una fiesta.
....
8 Quiero salir con mis amigos.
....

2 Contesta las preguntas

Ejemplo: ¿Saldrías conmigo? (Sí) → *Sí, saldría contigo.*

1 ¿Vendríais con nosotros otra vez? (Sí)

....

2 ¿Irían Luis y Sara a la piscina con nosotros? (Sí)

....

3 ¿Podrían comprar este coche tus padres? (No)

....

4 ¿Cuidarías tú al niño esta noche? (Sí)

....

5 ¿Comeríais con nosotros el día de Navidad? (Sí)

....

6 ¿Querríais asistir a la conferencia? (Sí)

....

7 ¿Me darías más dinero cada mes, papá? (No)

....

8 ¿Dirías el secreto? (No)

....

Secciones C y D *Actividades*

1 Tus vacaciones ideales: ¿Qué harías si tuvieras dinero y fueras a Hispanoamérica? Lee la información y escribe un par de frases para cada país.

En el **Perú** se encuentran todos los paisajes y todas las riquezas. Destacamos para el visitante Machu Picchu, en cuyas cimas están las ruinas incas, o el Lago Titicaca, el más alto del mundo.

En **Venezuela** tiene la posibilidad de bañarse en las cristalinas aguas del Caribe, tomar el sol en sus playas doradas, atravesar sus espesos bosques y ver sus impresionantes cascadas que iluminan la selva amazónica.

Colombia se descubre cada día: caminar por las calles de Bogotá. Visitar sus espléndidas iglesias y fantásticos museos; o también, en Cartagena de Indias ver castillos y murallas.

Ecuador cuenta con una de las reservas biológicas más importantes de Sudamérica. Podrá recorrer La Amazonia, paraíso natural; en sus aguas podrá ver caimanes, pirañas y delfines rosas y podrá también viajar a las Islas Galápagos, Parque Nacional, para ver las tortugas gigantes que son mundialmente famosas.

Ejemplo: Si fuera a Perú visitaría Machu Picchu y sus ruinas incas.

2 Une las frases de la Lista A con las de la Lista B y escribe las frases con los verbos en la forma correcta del condicional.

Ejemplo: 1 g Si tuviera dinero invitaría a mis amigos a un restaurante caro.

Lista A
1 Si (tener) dinero ...
2 Si (ser) mi cumpleaños ...
3 Si (tener) tiempo ...
4 Si (tener) mucho dinero ...
5 Si (poder) cambiar de trabajo ...
6 Si (tener) talento musical ...
7 Si (ser) más amable ...
8 Si (ser) menos nervioso ...
9 Si (tener) tiempo libre los sábados por la mañana ...
10 Si (poder) salir esta noche ...
11 Si (tener) más energía ...

Lista B
a ... (ser) jardinero.
b ... (comprar) una casa enorme.
c ... (tener) más amigos.
d ... (ir) a la piscina.
e ... (participar) en la carrera.
f ... (gustarme) recibir muchos regalos.
g ... (invitar) a mis amigos a un restaurante caro.
h ... (ser) cantante.
i ... (ir) al teatro.

j … (tener) menos estrés en el trabajo.
k … (dar) la vuelta al mundo.

Secciones C y D *Gramática*

1 **a** Escribe un párrafo sobre lo que haría
cada persona si le tocara la lotería.

Empieza: Si le tocara la lotería a Mari
Mar . . .

1 Mari Mar
llevar una vida como la que lleva ahora /
montar un negocio en peluquería / dar
trabajo a otras personas / hacer viajes / tener
mucha tranquilidad
2 María Jesús
comprar un piso muy grande y un
apartamento en la playa / viajar y conocer el
mundo
3 Javier
viajar / ayudar a mucha gente / gastarlo

b Escribe sobre lo que harías tú usando
las claves.
Yo comprar casa / ayudar a la familia / dar
parte a los amigos / pasar unas vacaciones en
el Caribe / desaparecer una temporada en una
isla desierta / tener un yate de lujo / salir a
celebrarlo / beber mucho cava / bailar /
gastar / comprar más lotería

2 Contesta las frases usando las claves.

Ejemplo: Mi piso es muy grande y caro.
Me gustaría tener un piso más pequeño.
–Si (tú) tener piso más pequeño / ser más
barato → Si tuvieras un piso más
pequeño, sería más barato.

1 Tengo una cocina muy pequeña. Me
gustaría tener una cocina más grande.
–Si (tú) tener una cocina más grande / (tú)
poder comer en ella.

....

2 Tenemos un cuarto de baño muy pequeño.
Nos gustaría tener un cuarto de baño más
grande.
–Si (vosotros) tener un cuarto de baño más
grande / (vosotros) poder tener una bañera
muy grande.

....

3 Tienen un salón muy pequeño. Les gustaría
tener un salón más grande.
–Si (ellos) tener un salón más grande /
(ellos) poder tener muchos invitados.

....

4 No tengo terraza. Me gustaría tener una
terraza.
–Si (tú) tener una terraza / (tú) poder tomar
el sol.

....

5 Nuestro piso está en las afueras. Nos
gustaría tener un piso en el centro.
–Si (vosotros) tener un piso en el centro /
(vosotros) salir todas las noches.

....

6 Sus vecinos hacen mucho ruido. Le gustaría
tener una casa.
–Si (él) tener una casa, / (él) no tener
ruidos.

....

14

Repaso

Actividades y gramática

Lección 8

1 Haz el test de conocimientos.

Una máquina que cambió el mundo: El ordenador

1 El primer ordenador electrónico del mundo se construye entre los años:
a 1942–1949   **b** 1949–1952   **c** 1939–1942

2 El profesor Atanasof y su alumno Berry construyen este primer ordenador electrónico en:
a Alemania   **b** Estados Unidos   **c** Rusia

3 La primera calculadora se construye en:
a 1945   **b** 1940   **c** 1950

4 Esta primera calculadora que se construye en Estados Unidos, mide:
a 1.67 metros cuadrados   **b** 16.7 metros cuadrados   **c** 167 metros cuadrados

5 Alan Sugar inventa el primer disquete o disco 'floppy', que es un disco de ocho pulgadas y capaz de almacenar 100Kb en:
a 1971   **b** 1961   **c** 1981

6 El disquete pequeño, que mide 3,5 pulgadas, lo inventa:
a Bill Gates   **b** IBM   **c** Sony

7 El primer disco duro, que sólo almacena 5MB y cuesta millones, lo inventa en 1956:
a IBM   **b** Sony   **c** Xerox

8 El primer disco duro para ordenadores personales no aparece hasta:
a 1970   **b** 1980   **c** 1990

9 El 'ratón', que hace a los ordenadores más accesibles para millones de personas, lo inventa Douglas C. Engelbart en:
a 1973   **b** 1983   **c** 1963

10 La compañía Apple sorprende al mundo con el ordenador Macintosh en:
a 1979   **b** 1984   **c** 1980

11 Ray Tomlinson envía el primer mensaje de correo electrónico desde un ordenador a otro que está en la misma habitación en:
a 1981   **b** 1991   **c** 1971

12 Aunque los CD ROM, que revolucionan el mundo de las aplicaciones multimedia y los juegos, no aparecen masivamente en los ordenadores hasta comienzos de los años noventa, el primer CD ROM, que tiene una capacidad de 550MB, aparece en:
a 1985   **b** 1980   **c** 1975

2 Comprueba tus respuestas para Actividad 1 en la Clave (página 113) y escribe en el pasado las frases completas del test de conocimientos.

Ejemplo: *El primer ordenador electrónico del mundo se construyó entre los años 19XX–19XX.*

3 **a** ¿En qué gastas tu dinero? En España en Navidad algunos trabajadores cobran una «paga extra». Lee el texto. ¿En qué se la gastan?
b Mira los dibujos y di quién gasta su dinero en cada cosa.
c ¿Quién es? ¿Quiénes son?

1 Quiere ganar más dinero con la paga extra. ¿Cómo?
2 La gasta antes de recibirla. ¿En qué?
3 Ha recibido sólo tres pagas extras. ¿Por qué?

4 Le queda muy poco para regalos. ¿Por qué?
5 Devuelve dinero a los que le han ayudado. ¿Por qué está en esta situación?
6 Utiliza la paga para pasar unos días de vacaciones. ¿Cómo viaja?

Lección 9

4 Escribe la historia. Usa las claves y la forma **nosotros**.

1 Año / pasado / amigos / y / yo / ir / vacaciones / Pirineo.
....

2 Un día / hacer excursión / y / subir / montaña / muy / alta.
....

3 De repente / empezar / gran tormenta / llevar / poca ropa / llover mucho / y / frío.
....

(1)   (3)   (5)

(2)   (4)   (6)

TIRAR LA PAGA POR LA VENTANA

Luis Costanilla, 29 años casado, empleado de artes gráficas

Pues este año me voy a ir a Andorra a comprarme un reproductor de DVD, a «regalármelo» por Navidades. Y nada más, la paga extra no me llega para otras cosas. El año pasado me compré el coche y la paga me ayudó a pagarlo, y el anterior me compré una televisión en color de segunda mano. Y nada más, porque antes trabajaba en plan libre y no tenia pagas extras.

Luisa Garay, 48 años viuda, una hija de 29 años, funcionaria

Este año me la voy a gastar en pagar una letra del piso. El resto, que será muy poco, en regalos para mi hija. En la cena de Navidad no gasto mucho porque la hago yo misma. No compro turrón, pero sí mucho mazapán, ¡en mi casa nos encanta!

Javier Medina, 56 años soltero, conserje

Suelo comprar lotería de Navidad, unos noventa euros, más o menos. Después guardo algo para comprar en las rebajas de enero, porque yo sólo compro en las rebajas, aunque me quede sin corbatas o sin camisas que ponerme. También procuro comprar cosas de comer que no tomo durante el resto del año: cigalas, crustáceos, angulas … En cuanto cobro la paga ya empiezo a comer bien …

Juan Carlos Caballeros, 22 años soltero, creativo «junior» en una agencia de publicidad

La verdad es que me la gasto siempre por anticipado, este año pedí un adelanto en octubre para comprarme la moto … El año pasado me la gasté prácticamente en comida y en copas, y fue todo en plan derroche, en salir por ahí …

Ana García, 23 años soltera, secretaria en una multinacional dedicada a la venta de ordenadores

Normalmente me la gasto en una semana de esquí. Este año creo que me voy a ir a Sierra Nevada. En fin, todavía me da la paga extra para pasar unos días en la nieve y puedo incluso quedarme con algo para los próximos meses si vamos en coche y pagamos el viaje entre tres o cuatro.

Ángela Samblas, 20 años soltera, dependienta en unos grandes almacenes

En pagar todas mis deudas de una vez. A mi madre le debo más de la mitad de lo que me van a dar en Navidades, y a un amigo mío, trescientos cincuenta euros. Odio endeudarme, pero me administro fatal. Por fin, en enero voy a poder empezar el año sin deber ni un céntimo a nadie.

---

4 Pero / no poder / parar / aunque / estar / muy cansados.

....

5 Por fin / llegar / refugio / y / estar / allí / hasta / pasar / tormenta.

....

6 Estar / muy / mojados / tener / mucho sueño / pero / no poder / dormir.

....

7 Después / bajar / pueblo / tener / mucha hambre / y / cenar / algo caliente.

....

8 Entonces / acostar.

....

5 Escribe las preguntas y respuestas.

Ejemplo: ¿Qué / hacer / tú / cuando / llegar / tu hermano?
–Yo / leer / salón ➜
¿Qué hacías tú cuando llegó tu hermano? –Yo estaba leyendo en el salón.

1 ¿Qué / hacer (vosotros) / cuando / ladrón / entrar / vuestra casa?
–(Nosotros) dormir
....

2 ¿Qué / hacer (tú) / cuando / (yo) llamar / por teléfono?
–Ducharme
....

3 ¿Qué / hacer / Luis / cuando / robarle / el coche / en la gasolinera?

–Pagar / gasolina
....

4 ¿Qué / tiempo / hacer / cuando / (vosotros) salir / anoche?
–Llover
....

5 ¿Qué / hacer / los empleados / cuando / sonar / la alarma?
–Hablar / ventas anuales
....

6 ¿Qué / hacer / los estudiantes / cuando / entrar / el profesor?
–Hacer / deberes
....

6 **a** Lee la noticia del periódico y pon las preposiciones que faltan.

El misterioso caso **1** .... la desaparición **2** .... Pablo Marín sigue **3** .... solucionarse. El joven desapareció hace diez días **4** .... Barcelona y sigue **5** .... aparecer. **6** .... esta situación, la policía ha dado más datos **7** .... el caso **8** .... ver si alguien puede ayudarles **9** .... alguna pista **10** .... encontrar **11** .... Pablo.

Pablo, un chico de veinte años, fuerte y alto, **12** .... un metro ochenta, es rubio **13** .... ojos azules. La policía encontró su coche cerca **14** .... Barcelona. Al parecer, el coche chocó **15** .... un árbol, pero no se encontró **16** .... Pablo. **17** .... el coche había una chaqueta y una camisa manchadas **18** .... sangre. Pablo volvía **19** .... pasar un fin **20** .... semana **21** .... la playa. Un vecino lo vio **22** .... última vez la noche del viernes 3 **23** .... agosto, cuando Pablo salía **24** .... su casa **25** .... ir **26** .... la playa. Pablo iba **27** .... pasar el fin **28** .... semana **29** .... casa **30** .... una amiga. Pero esta amiga, **31** .... la que Pablo tenía que estar, llamó **32** .... sus padres el sábado **33** .... la noche **34** .... preguntar **35** .... él. La policía cree que quizás unos ladrones atracaron **36** .... Miguel **37** .... su coche y éste quizás luchó **38** .... ellos. Quizás está herido o secuestrado **39** .... alguna parte. La policía aún tiene esperanzas **40** .... poder encontrarlo **41** .... vida.

b Contesta las preguntas.

1 ¿Qué edad tenía Pablo cuando desapareció?

....

2 ¿Cuándo desapareció?

....

3 ¿Dónde encontraron su coche?

....

4 ¿Dónde encontraron la ropa?

....

5 ¿Cómo estaba la ropa?

....

6 ¿Dónde estaba Pablo antes de desaparecer?

....

7 ¿A quién llamó la amiga de Pablo?

....

8 ¿Sabe la policía lo que le pasó a Pablo?

....

9 ¿Está herido Pablo?

....

7 **a** Lee la historia de una aventura del escalador José Luis Gallego y contesta las preguntas.

LA AVENTURA MÁS PELIGROSA

Una vez, en Noruega, tratábamos de hacer una subida de 2.400 metros. A los 1.000 metros encontramos una tormenta. Llevábamos poca ropa y hacía un frío terrible, así que si nos parábamos nos quedábamos congelados. La única solución era seguir subiendo. El problema es que llegamos al límite de resistencia sin dormir, casi 50 horas. Pero no podíamos parar. Al fin llegamos a la cumbre y pudimos descender por un tramo más fácil. Al regresar al campamento casi nos quedábamos dormidos andando.

1 ¿Dónde estaban?
2 ¿Qué hacían?
3 ¿Qué tiempo hacía?
4 ¿Por qué no durmieron?
5 ¿Cómo volvieron al campamento?

b Escribe los ejemplos del pretérito imperfecto e indefinido.

Lección 10

8 Lee el artículo y di si las frases siguientes son verdaderas (V) o falsas (F). Si son falsas escribe la respuesta correcta.

La pareja ideal – cita a ciegas

Hasta hace un año María, que era estudiante, nunca había tenido que trabajar. Sus padres tenían bastante dinero, pero una cosa era pagarle la carrera y otra darle dinero continuamente para gastos superfluos, como fiestas, cine, viajes ... Así que un día le dijeron que, o se ponía a trabajar los fines de semana o por las tardes, o no le daban más dinero para sus gastos innecesarios.

María entonces empezó a pensar qué era lo que podía hacer. No sabía idiomas, ni sabía nada de ordenadores, ni nada parecido. No podía encontrar trabajo fácilmente. Además, tampoco le apetecía mucho la idea. Pero la solución llegó de manera inesperada cuando se presentó a un concurso de televisión en el que una chica hacía preguntas a tres chicos a los que no podía ver, y según las respuestas elegía a uno: «su cita a ciegas».

La idea no se le ocurrió a ella sino a su hermano mayor que, para gastarle una broma, cogió en secreto una de las mejores fotografías de María y, sin decirle nada, la envió al concurso, con tan buena suerte que María resultó elegida. Un día la llamaron al programa y María se quedó muy sorprendida. Su hermano le confesó lo que había hecho. La reacción de María fue negarse por completo, pero lo pensó mejor y dijo: «¿Por qué no?» Tampoco tenía nada que perder, así que se presentó. El día del concurso, y especialmente cuando empezaron a maquillarla, empezó a temblar, ¡estaba tan nerviosa!

Al terminar el concurso María eligió a un chico que no le gustaba mucho porque era bastante vanidoso y creído. Los otros dos que no eligió no parecían muy interesantes tampoco. Pero, por lo menos, ganó cinco mil euros y un viaje de dos semanas a México con su «pareja ideal». María no volvió a ver al chico hasta el día del viaje, pero a partir de ese día le pareció completamente insoportable. En el viaje había un chico, Pepe, que había ganado el concurso la semana anterior. Desde el principio le gustó mucho a María. Era bastante delgado y no muy guapo, pero era muy simpático y agradable. Desde el principio se llevaron muy bien y se olvidaron de sus respectivas parejas.

Al volver se hicieron novios y ahora van a casarse. La vida de María ha cambiado completamente y hasta ha encontrado trabajo para ahorrar y poder comprarse un piso.

1 Sus padres no querían darle dinero para salir.
2 Sus padres le dijeron que tenía que ganar su propio dinero.
3 María hablaba muy bien varias lenguas.
4 María no quería buscar trabajo.
5 Su hermano se presentó a un concurso de televisión con ella.
6 La idea de presentarse al concurso fue de su hermana mayor.
7 El concurso era para encontrar a la chica ideal.
8 María envió su foto a la televisión.
9 Cuando la seleccionaron no quería ir al programa.
10 María estaba muy tranquila el día del concurso.
11 María tenía que elegir entre tres chicos.

12 El chico que eligió le gustó mucho.
13 María ganó 5.000 mil euros y un viaje.
14 En el viaje se enamoró de otro chico.
15 Ahora va a casarse con el chico que eligió en el concurso.
16 Ahora María ya trabaja.

9 **a** Lee las tres historias y pon el infinitivo, entre paréntesis, en la forma correspondiente.

Historia A
Durante las vacaciones pasadas un día mis amigos y yo **1** .... (ir) de excursión al campo. **2** .... (hacer) mucho calor, no **3** .... (llover) durante meses y el río **4** .... (secarse). No **5** .... (haber) agua por ninguna parte y **6** .... (darme) cuenta de que **7** .... (olvidarnos) las botellas del agua. Cuando **8** .... (ir) a comer, y al **9** .... (abrir) el maletero **10** .... (ver) que **11** .... (dejarnos) en casa la bolsa con los bocadillos. **12** .... (Ir) a una zona donde no **13** .... (haber) árboles y **14** .... (darme) cuenta de que no **15** .... (coger) mi sombrero y **16** .... (coger) una insolación. **17** .... (Estar) muy enfermo.

Historia B
Una vez, cuando **1** .... (ser) pequeña **2** .... (ir) al campo con mis padres y mi hermano y cuando **3** .... (terminar) de comer, yo **4** .... (ir) a jugar por el bosque y **5** .... (perderme). Mis padres al principio **6** .... (estar) tranquilos porque no **7** .... (darse) cuenta de que **8** .... (ser) bastante tarde y yo no **9** .... (volver) aún. De repente **10** .... (asustarse) y **11** .... (empezar) a buscarme. No **12** .... (tardar) en encontrarme pero yo **13** .... (pasar) mucho miedo.

Historia C

El otro día **1** .... (ir) por la calle y
2 .... (estar) muy oscuro, entonces
3 .... (oír) unos pasos detrás de mí
y me **4** .... (dar) la vuelta, pero no
5 .... (ver) a nadie. **6** .... (Empezar)
a llover y yo **7** .... (estar) muy
mojada porque no **8** .... (coger)
mi paraguas. Alguien que **9** ....
(llevar) un paraguas grande y negro
10 .... (acercarse) por detrás y me
11 .... (tocar) en el hombro. Yo me
12 .... (asustar) mucho, porque ya
13 .... (oír) los pasos antes, pero no
14 .... (ver) a nadie, pero cuando
15 .... (mirar) otra vez, **16** ....
(ver) que **17** .... (ser) mi hermano
que me **18** .... (seguir) durante bastante
rato.

b Contesta las preguntas con A, B, A+B,
B+C, etc.

1 ¿Que historia(s) ocurre(n) en una zona seca?
....

2 ¿En qué historia(s) tiene alguien miedo?
....

3 ¿En qué historia(s) llueve mucho?
....

4 ¿En qué historia(s) no ha llovido durante
mucho tiempo? ....

5 ¿En qué historia(s) alguien no lleva ropa
adecuada? ....

6 ¿Qué historia(s) ocurre(n) en el campo?
....

7 ¿Qué historia(s) ocurre(n) en la ciudad?
....

8 ¿En qué historia(s) había dejado algo
importante en casa? ....

Lección 11

10 Completa el cuadro con las formas del
imperativo que faltan.

tú	vosotros	usted	ustedes
come	**1**	**2**	coman
3	salid	salga	**4**
5	id	**6**	**7**
8	**9**	venga	vengan
10	decid	**11**	**12**
ten	**13**	**14**	**15**
16	poned	ponga	**17**
conduce	conducid	**18**	**19**
20	**21**	empiece	**22**
23	haced	**24**	**25**
cierra	**26**	**27**	cierren
28	dad	**29**	**30**

11 a Lee el artículo y escribe el verbo del
cuadro correspondiente en la forma
correcta del imperativo formal.

apague   baje   cierre   dé   deje   diga
mantenga   pida   ponga   ~~revise~~   riegue
vacíe   vigile

Consejos para las vacaciones

Al salir de casa …
1 *Revise* todos los grifos. **2** .... la llave
de paso del agua cerrada. **3** ....
también el gas y **4** .... las luces de
todas las habitaciones. **5** .... bien las
ventanas, pero no **6** .... todas las
persianas, **7** .... alguna arriba para
dar la impresión de que la casa está
habitada. **8** .... a algún familiar o
amigo las llaves de su piso. Podrán entrar

si hay algún problema imprevisto. **9** .... el buzón de correspondencia. **10** .... las plantas y **11** .... a sus amigos o vecinos que las rieguen después. No **12** .... a nadie desconocido que se va de vacaciones ni **13** .... notas en la puerta de su casa diciendo que no está.

b Ahora escribe los verbos en la forma **tú** del imperativo.

Ejemplo: *Revisa*

Lección 12

12 Une las frases de la Lista A con las de la Lista B para formar frases completas.

Lista A
1 Cuando tenga más dinero
2 Te recomiendo que pruebes
3 Espero que mis padres puedan
4 Ojalá nos toque
5 Te compraré un ordenador para que
6 Si vas al norte de España es mejor que
7 No te preocupes

Lista B
a vayas en verano.
b venir a verme pronto.
c el pescado frito.
d por tus hijos.
e compraré una casa.
f la lotería.
g puedas escribir tus novelas.

13 a Une las preguntas de la Lista A con las respuestas de la Lista B.

Lista A
1 ¿Para qué me enseñas el mapa?
2 ¿Para qué nos vamos tan pronto?

3 ¿Para qué me compras un estéreo nuevo?
4 ¿Para qué tengo que practicar con el coche?
5 ¿Para qué tengo que ir contigo?
6 ¿Para qué pones cortinas nuevas en el dormitorio?
7 ¿Para qué tengo que poner el despertador?
8 ¿Para qué tengo que hacer ejercicio?

Lista B
a Para llegar a tiempo.
b Para oír la música mejor.
c Para estar sano.
d Para levantarte temprano.
e Para conducir mejor.
f Para ver a los abuelos.
g Para saber como llegar.
h Para dormir mejor.

b Escribe las respuestas de otra forma usando el subjuntivo.

a Para que (nosotros – llegar) a tiempo.
....
b Para que (tú – oír) la música mejor.
....
c Para que (tú – estar) sano.
....
d Para que (tú – levantarse) temprano.
....
e Para que (tú – conducir) mejor
....
f Para que (tú – ver) a los abuelos.
....
g Para que (tú – saber) como llegar.
....
h Para que (nosotros – dormir) mejor.
....

14 a Lee este artículo y contesta las preguntas.

1 ¿Qué características tendrán las profesiones del futuro?
2 ¿Qué tipo de preparación y estudios se requieren para estas profesiones?

En nuestro número de esta semana presentamos un reportaje sobre cómo encontrar trabajo en una sociedad laboral tan competitiva como la nuestra.

Si piensas que puedes obtener un trabajo seguro al terminar la carrera en la universidad, lo tienes muy difícil, porque este tipo de empleo está en vías de extinción, es decir, a punto de terminarse. La situación que se predice para los universitarios que busquen trabajo en los próximos años es que ya no habrá empleos fijos ni carreras para toda la vida. Tendrán éxito los que aprendan varias destrezas y desarrollen aptitudes y aprendizajes que permitan saltar de trabajo en trabajo; pero no hacia arriba, sino lateralmente.

Los aspectos más importantes que tienes que tener en cuenta son:

1 Es importante que desarrolles una relación íntima con los ordenadores. Los conocimientos de informática son ya esenciales y es necesario que los adquieras cuanto antes.

2 Es esencial que aprendas idiomas. Serán el instrumento necesario para encontrar trabajo en diferentes países y tendrás más oportunidades de vivir en sitios diferentes e interesantes.

3 Es necesario que conozcas los principios básicos de cómo llevar un pequeño negocio o empresa. Es muy probable que dirijas una compañía con un solo empleado: tú.

4 Es mejor que te acostumbres a trabajar en equipo desde el principio. Las distancias entre el jefe y el trabajador son cada vez menores.

5 No te pares en los detalles. El mundo avanza más rápido que tú, así que nada de superespecialización, sino flexibilidad.

6 Es muy importante que hagas lo que te gusta. Ya que está todo difícil, no elijas carrera pensando en lo que puede ser más útil económicamente, sino en lo que te hará más feliz.

3 ¿Qué tipo de cualidades se necesitarán para las profesiones del futuro?

4 ¿Qué criterio debes usar a la hora de elegir una profesión?

b Señala los subjuntivos que hay en el texto.

Lección 13

15 Termina las frases.

Ejemplo: Me gustaría mucho ir al cine contigo, pero no tengo tiempo. Si (tener tiempo) ➡ *Si tuviera tiempo iría.*

1 Me gustaría mucho comprarme este coche. Si (tener dinero)

....

2 Me encantaría acompañarte al baile, pero no puedo. Si (poder)

....

3 Me gustaría quedarme en casa hoy, pero tengo que trabajar. Si no (tener que)

....

4 Me interesaría mucho ver la obra, pero no me apetece salir esta noche. Si (apetecerme)

....

5 Debo irme a la clase, pero no quiero. Si (querer)

....

6 Me gustaría tomar una cerveza, pero no puedo beber alcohol. Si (poder)

....

7 Me encantaría llevarme este reloj, pero no es el mío. Si (ser)

....

8 Necesito hablar con Juan, pero no está en casa. Si (estar)

....

16 Los españoles tienen algunas fiestas que caen en jueves. Mucha gente toma también el viernes como «puente» o fiesta del fin de semana.

a Lee la historia de Félix y Susana. ¿Cuáles eran sus planes y qué pasó en realidad? Completa la tabla.

Puente, maldito puente

Desventuras de una familia en busca de un largo fin de semana

Lo habían calculado todo al milímetro. A las 5.15 sonaría el despertador. Un cuarto de hora después, Félix y Susana estarían lavados, peinados y vestidos. Y mientras él bajaba el equipaje al coche, su mujer tenía que preparar el desayuno de los niños y guardarlo en un termo. A las 5.45 él cogería en brazos a la niña (Elena, cinco años), y ella al niño (Álvaro, 15 meses), y tras enrollarlos en sendas mantas los bajarían dormidos. A las 6.00 se pondrían de camino hacia Alicante para pasar el puente del 1 de mayo. Era un plan perfecto. «A esa hora no habrá nadie en la carretera y a las 10.30 estamos en el hotel de San Juan,» comentó la noche anterior Félix.

Pero una cosa son los planes y otra, muy distinta, la realidad. Para empezar, los niños se despertaron en el mismo ascensor. Lo que sí consiguieron fue salir a las 6.00, según lo previsto. Aunque otros muchos miles de madrileños habían hecho el mismo esfuerzo y ya en la M-30 empezaron a sospechar que el viaje no sería un camino de rosas.

Nada más salir a la autovía de Ocaña se confirmaron los malos presagios. Antes de cinco kilómetros ya estaban parados. Era la caravana. Poco a poco, la larga fila de coches con matrícula de Madrid conseguía alejarse de la capital, camino del deseado descanso. A las 7.00, el coche de la familia González llegaba a Ocaña. «No está mal,» comentó Susana con cierto optimismo. «Que no está mal,» replicó Félix, «hemos hecho 50 kilómetros en una hora. Si seguimos así, tardaremos más de ocho horas en llegar.»

Planes	La realidad
5.15 Levantarse	
5.30 Preparados Félix y Susana	
5.30 Él: Élla:	
5.45	
6.00	
10.30	

b Encuentra en el texto las palabras o frases que significan lo siguiente:

1 preparado
2 las maletas
3 saldrían de viaje
4 como habían planeado
5 un viaje fácil
6 presentimientos
7 casi una autopista
8 el atasco
9 número de identificación del coche

17 Lee la carta al alcalde e indica Verdadero (V) o Falso (F) para las frases siguientes. Corrige las frases falsas.

Muy señor mío,

Quisiera expresarle mi deseo de que ponga en la ciudad más zonas peatonales, sobre todo en el centro. Es cierto que muchos de los conductores de coches se quejarían si tomara esta decisión, pero estoy seguro de que si ponen más zonas peatonales, la calidad de vida mejoraría mucho para la mayoría de los ciudadanos. Hace poco leí en un periódico local un artículo que decía que, si se hace este tipo de aumento de zonas peatonales en el centro, habría que crear muchos aparcamientos y vías de acceso. Pues, estoy de acuerdo. Deberíamos usar otros medios de transporte para llegar al centro, principalmente el autobús. Ya tenemos un servicio bueno de autobús en nuestra ciudad, pero habría que mejorarlo aún más para manejar el aumento de pasajeros. Desafortunadamente en las calles con tráfico funciona la ley del más fuerte y muchos de los conductores no tienen cuidado con los pobres peatones que quieren cruzar las calles estrechas para hacer las compras. Es cierto que muchos peatones cruzan por todas partes sin mirar, pero el riesgo de un accidente de tráfico desaparecería si se prohibiera la circulación de coches por estas zonas.

Es necesario que más gente comprenda las ventajas de tal sistema para evitar el peligro y además reducir la contaminación. ¡Qué buena falta nos hace!

Además nuestra ciudad es ideal para implantar este sistema, ya que es pequeña y las distancias no son largas. Un centro sin tráfico sería ideal para la ciudad.

¡Ayúdenos, señor alcalde!

---

1 En la ciudad hay zonas peatonales. ………
2 Muchos conductores no quieren zonas peatonales. ………
3 Hay suficientes aparcamientos en la ciudad. ………
4 El servicio de autobús ya tiene un nivel adecuado. ………
5 Los peatones están en peligro cuando cruzan la calle. ………
6 Los peatones siempre tienen cuidado cuando cruzan las calles. ………
7 Hay más ventajas que desventajas con el sistema propuesto. ………
8 Hay mucha contaminación de coches en el centro. ………
9 Es una ciudad muy grande. ………

Más actividades

18 Une las frases de la Lista A con las de la Lista B para formar frases completas.

Lista A

1 Odio la publicidad si
2 Opino que la publicidad es
3 Creo que en la televisión
4 Los artículos más anunciados
5 En mi opinión no deberían
6 La verdad es que a mí
7 Pienso que la publicidad no

Lista B

a anunciarse tantos coches.
b hay demasiados anuncios.
c aparece en medio de las películas.
d importante para informarnos.
e los anuncios no me molestan.
f ofrece una imagen digna de la mujer.
g son cosas de lujo, innecesarias.

19 Lee los anuncios siguientes. Pon el número del anuncio en el dibujo correspondiente.

ANUNCIOS

1 Venga a Galerías Marqués. Llévese todo para el hogar: sábanas, toallas, edredones, mantas, alfombras y mucho más.

2 Pisos a media hora del centro, con transporte cada diez minutos hasta la misma puerta de su casa. Viva en el campo, pero vaya en un momento al centro de la ciudad. Venga a ver nuestros pisos. ¡Acuérdese! Los pisos del futuro.

3 Ordenadores para toda la familia: Juega y trabaja. Cambia tu vida. Ven a ver tu nuevo ordenador en 'Techno'.

4 Encuentra en Almacenes 'Primero' las prendas más modernas y juveniles para llevar este invierno. Viste en 'Primero'.

5 Hable idiomas con Academia Pérez. Estudie con los más modernos sistemas de enseñanza. Exija calidad. Venga a visitarnos.

6 Todo para el colegio en 'Mundo joven': Encuentra tus cuadernos favoritos, busca la mejor mochila. Sé el primero en estar equipado para el nuevo curso. Para sacar las mejores notas entra en el mundo de 'Mundo joven'.

7 Todo para su jardín. Plante ahora y disfrute la próxima primavera. Le esperamos en 'Viveros Luis'

20 Haz dos listas con los imperativos que aparecen en los anuncios de Actividad 19: formal (**usted**) e informal (**vosotros**).

Test Cultural

Cataluña y Euskadi (o País Vasco)

1 ¿Cuántas provincias tiene Cataluña?
a tres   **b** cuatro   **c** cinco

2 La provincia catalana que está más al norte es ...
a Gerona.   **b** Tarragona.   **c** Barcelona.

3 ¿Cuál de estos pintores era catalán?
a Picasso   **b** Goya   **c** Dalí

4 El baile típico catalán se llama ...
a la sardina.   **b** la sardana.   **c** la sirena.

5 El famoso paseo de Las Ramblas está en ...
a Tarragona.   **b** Gerona.   **c** Barcelona.

6 Los Juegos Olímpicos se celebraron en Barcelona en ...
a 1998.   **b** 1994.   **c** 1992.

7 Una bebida muy famosa que se produce en Cataluña es ...
a el cava.   **b** el vino tinto.   **c** el champán.

8 Barcelona fue fundada por los ...
a griegos.   **b** franceses.   **c** romanos.

9 Una de las industrias más prósperas de Cataluña a principios del siglo veinte era la ...
a del automóvil.   **b** de ordenadores.
c textil.

10 La capital de Euskadi es ...
a Vitoria.   **b** San Sebastián.   **c** Bilbao.

11 El País Vasco está en la costa ...
a Mediterránea.   **b** del Sol.
c Cantábrica.

12 La famosa playa de San Sebastián se llama ...
a La María.   **b** La Concha.   **c** La Cala.

13 En Bilbao hay un museo muy famoso que se llama ...
a Museo Picasso.   **b** Museo Guggenheim.
c Museo Prado.

14 Euskadi tiene frontera con ...
a Cataluña y Galicia.   **b** Galicia y Cantabria.   **c** Francia y Cantabria.

15 Uno de los deportes típicos vascos es ...
a tirar piedras.   **b** levantar piedras.
c guardar piedras.

16 El río que pasa por Bilbao se llama ...
a El Nervión.   **b** El Ebro.   **c** El Duero.

17 El primer partido de fútbol que se jugó en Bilbao tuvo lugar el año ...
a 1829.   **b** 1894.   **c** 1924.

18 En este partido jugaron trabajadores del puerto de Bilbao contra ...
a holandeses.   **b** irlandeses.   **c** ingleses.

19 El equipo de fútbol de San Sebastián se llama ...
a La Real Sociedad.   **b** La Alta Sociedad.
c El Atlético Sociedad.

20 El nombre euskera (lengua vasca) de la ciudad de San Sebastián es ...
a Gasteiz.   **b** Donostia.   **c** Sebas.

Key to exercises

Lección 1

Sección A *Actividades*

1 **tú**

1 ¿Cuándo es tu cumpleaños?
2 ¿De dónde eres?
3 ¿Vives en un piso?
4 ¿Está en el centro (de la ciudad)?
5 ¿Estás casada?
6 ¿Cuántos hijos tienes?
7 ¿Tienes hermanos (o hermanas)?
8 ¿Qué te gusta hacer en tu tiempo libre?
9 ¿A qué hora te levantas? / ¿A qué hora te despiertas?
10 ¿Cómo es tu casa?
11 ¿Trabajas todo el día / por la mañana y por la tarde?
12 ¿Cuidas a tus hijos (por las tardes)?

usted

1 ¿Cuándo es su cumpleaños?
2 ¿De dónde es (usted)?
3 ¿Vive en un piso?
4 ¿Está en el centro (de la ciudad)?
5 ¿Está casada?
6 ¿Cuántos hijos tiene?
7 ¿Tiene hermanos (o hermanas)?
8 ¿Qué le gusta hacer en su tiempo libre?
9 ¿A qué hora se levanta? / ¿A qué hora se despierta?
10 ¿Cómo es su casa?
11 ¿Trabaja todo el día / por la mañana y por la tarde?
12 ¿Cuida a sus hijos (por las tardes)?

2 Se llama Laura, es colombiana, es de Bogotá. Es soltera. Tiene dos hermanas. Vive en un piso grande que tiene cinco dormitorios y está en el centro de la ciudad. Vive con su familia. Es estudiante en la universidad, estudia Economía. También estudia idiomas: inglés y portugués. Trabaja por las tardes en una oficina. En su tiempo libre va al cine, ve la televisión, escucha música y va de compras.

3 Me llamo ...., soy .... de .... Soy soltero/a, casado/a, separado/a, divorciado/a, viudo/a. Tengo .... / No tengo hermanos/as, hijos/as. Vivo solo/a, con mi(s) padres / madre / padre / familia / hijo(s) / hija(s) / sobrinos / tíos (etc.). Vivo en un(a) piso pequeño / casa grande, que tiene .... dormitorios, cocina, cuarto de baño, salón, comedor, balcón, terraza, jardín (etc.). Soy estudiante, profesor, médico (etc.). Trabajo en .... Estudio .... en.......... En mi tiempo libre voy al cine, veo la televisión, escucho música, voy de compras, hago deporte (etc.).

Sección A *Gramática*

1

1	vamos	9	juegan
2	bañamos	10	nadan
3	jugamos	11	volvemos
4	tomamos	12	arreglamos
5	comen	13	salimos
6	prefiero	14	vamos
7	vuelvo	15	bailamos
8	duermo	16	pasamos

2
1 presento; Encantada; gusto
2 éste; ésta; Hola; gusto; tal

Secciónes B y C *Actividades*

1

2	b	el esquí	6 a	el hockey sobre hielo
3	c	el rugby	7 f	el ciclismo
4	e	el fútbol	8 d	el waterpolo
5	h	el patinaje	9 g	el baloncesto

2 1 A María le encanta/le gusta mucho el esquí, pero a su padre no le gusta.

2 A Manuel y Javier no les gusta el rugby, pero a sus hermanos les encanta/les gusta mucho.

3 A mi hermana no le gusta nada el fútbol, pero a mi madre le gusta.

4 A Alicia le gusta mucho/le encanta el patinaje, pero a su marido no le gusta nada.

5 A Alfonso y Ester les gusta el hockey sobre hielo, pero a sus padres no les gusta.

6 A Clara le encanta/le gusta mucho el ciclismo, pero a su hijo no le gusta.

7 A Gustavo no le gusta nada el waterpolo, pero a sus padres les encanta/les gusta mucho.

8 A mi padre le gusta el baloncesto, pero a mi tío no le gusta.

3 antipatía, traidor, mentira, tímido, aburrido, feo, perezoso, egoísmo, intolerancia, triste, frío

I	Y	J	L	S	Q	E	W	C	Z	P	B
N	A	N	T	I	P	A	T	I	A	E	V
T	F	R	I	O	N	E	E	L	D	R	G
O	J	K	A	R	T	J	Q	G	D	E	T
L	P	L	I	E	A	R	P	O	M	Z	O
E	I	M	D	P	S	I	I	I	E	O	P
R	F	E	O	T	X	P	K	S	N	S	M
A	B	U	R	R	I	D	O	M	T	O	N
N	O	D	L	H	D	M	L	O	I	E	S
C	Y	C	Q	G	A	O	I	D	R	R	Z
I	G	E	W	D	P	D	S	D	A	G	F
A	Q	W	S	F	Y	C	X	G	O	H	V

Secciones B y C *Gramática*

1 2 d 3 c 4 b 5 e 6 g 7 i 8 a 9 h

2 1 Os 2 nos 3 mí 4 le 5 mí 6 me 7 le
8 les 9 les

3 Las palabras en cursiva deberán ser tus respuestas.

	Cualidad: nombre	Cualidad: adjetivo	Defecto: nombre	Defecto: adjetivo
1	*la lealtad*	leal	*la traición*	traidor
2	la sinceridad	*sincero*	la mentira	*mentiroso*
3	*la decisión*	decidido	*la timidez*	tímido
4	*la diversión*	divertido	*el aburrimiento*	aburrido
5	*la belleza*	bello	*la fealdad*	feo
6	*el trabajo*	trabajador	*la pereza*	perezoso
7	la generosidad	*generoso*	el egoísmo	*egoísta*
8	la comprensión	*comprensivo*	la intolerancia	*intolerante*
9	*la alegría*	alegre	*la tristeza*	triste
10	*el romanticismo*	romántico	*la frialdad*	frío

4 1 María es leal pero Juana es traidora.

2 María es sincera pero Juana es mentirosa.

3 María es decidida pero Juana es tímida.

4 María es divertida pero Juana es aburrida.

5 María es bella pero Juana es fea.

6 María es trabajadora pero Juana es perezosa.

7 María es generosa pero Juana es egoísta.

8 María es comprensiva pero Juana es intolerante.

9 María es alegre pero Juana es triste.

10 María es romántica pero Juana es fría.

Secciones D y E *Actividades*

1 1 Hola, ¿qué tal? ¿Sabes que Pepe y Luisa fueron de vacaciones a Mallorca? Les gustó mucho la playa. Nadaron mucho y Luisa tomó el sol. Pepe no tomó el sol porque no le gusta. Estuvieron en un hotel muy bueno. La comida les encantó/les encanta, sobre todo el pescado.

2 Luisa fue sola a la capital de la isla, Palma de Mallorca, a ver la catedral y otros monumentos. A ella le encantan, pero a Pepe no le gustan nada los monumentos así que se quedó en el hotel.

3 Luisa fue en un barco de excursión. A Pepe no le agrada viajar en barco porque se marea, así que se quedó en la piscina del hotel. A los dos les encantó la piscina del hotel y les encantaron las copas del bar de la piscina. Por las noches fueron a muchas fiestas en la discoteca del hotel. Les gustan/Les gustaron mucho las fiestas.

2 a

CURRÍCULUM

Nombre: Ana Carrión

Fecha de nacimiento: 1954

Lugar de nacimiento: Barcelona

Estado civil: divorciada

Número de hijos: 2

Profesión actual: presentadora de televisión

Experiencia anterior: dependienta en una librería, actriz de teatro, cine y televisión en España y en el extranjero (Londres): musicales y televisión

Pasatiempos (hobbies): leer, hacer deporte

---

b 1 Trabajando de dependienta en una librería.

2 No quería ser solamente ama de casa, echaba de menos el teatro.

3 Fue mal porque su marido no hacía nada en casa, ni jugaba con los niños, y se divorció.

4 Dura, trabajó mucho.

5 Dura, pero interesante.

Secciones D y E *Gramática*

1 1 llovió 2 estuve; hizo 3 fui; hizo 4 estuvo; visitó 5 fuiste; fui 6 nevó; fuimos

2 1 nació 2 pintó 3 fueron 4 naciste; nací 5 estudiaste; estudié 6 estuvo 7 vinieron 8 murió

Lección 2

Sección A *Actividades*

1 *Sugerencias*
   a 1, 5, 9, 11, 13, 15, 20, 22, 23, 24, 27
   b 3, 4, 5, 7, 8, 12, 18, 19, 22, 25, 28, 29
   c 3, 6, 10, 12, 14, 18, 19, 23
   d 4, 7, 8, 12, 17, 19, 22, 23, 28
   e 1, 2, 3, 4, 7, 11, 13, 17, 19, 22, 23, 25, 26, 28, 29
   f 5, 8, 11, 14, 17, 21, 24, 28

2 **1** Albañil: c, e, i, o
   2 Editor: d, f, k, n
   3 Jardinero: b, g, j, m
   4 Profesor de autoescuela: a, h, l, p

Sección A *Gramática*

1 **o → a**: atrevida, analítica, creativa, cuidadosa, decidida, discreta, enérgica, exacta, extravertida, imaginativa, lógica, metódica, ordenada, persuasiva, práctica, segura, sensata

   no cambian: adaptable, ágil, emocional, exigente, firme, independiente, paciente, tenaz, valiente

   + a: comunicadora, motivadora, negociadora

2 **1** arreglamos   **5** vigiló; puso
   2 corté; teñí   **6** tuvieron; repartieron
   3 hizo   **7** enseñó
   4 atendieron   **8** aprobó; dirigió

Sección B *Actividades*

1 **1** Asumir   **12** desarrollo
   2 actuación   **13** formación
   3 gestión   **14** retribución
   4 facilitar   **15** vehículo
   5 asesoramiento   **16** mano
   6 requiere   **17** adjunto
   7 Telecomunicaciones   **18** correo
   8 valorará   **19** recoger
   9 similar   **20** Enviar
   10 Comunicación   **21** dirección
   11 incorporación

2 **1** Marta Jimeno Pérez
   2 26
   3 Turismo, Máster en Relaciones Públicas el año pasado, tres cursillos de perfeccionamiento, cinco conferencias sobre turismo
   4 inglés – perfecto; francés – intermedio
   5 recepcionista en un hotel en Inglaterra (seis meses); empleada de agencia de viajes, atendiendo a los clientes; gerente de agencia de viajes
   6 muy trabajadora y abierta
   7 Me gusta mucho la lectura y el cine y me encanta viajar.

Sección B *Gramática*

1 **1** me gustaría   **2** quiere   **3** le encanta
   4 deseamos   **5** les interesa   **6** Puede
   7 Le importa

2 **1** conduzco   **2** realizamos   **3** dispongo
   4 atiende   **5** Diriges   **6** responsabilizan
   7 demuestra   **8** pertenecen

Sección C *Actividades*

1 **1** Conocí a mi novio hace dos años en una fiesta y vamos a casarnos.
   2 Fui a buscar a mi marido al aeropuerto con mis padres.
   3 Encontré a los niños en la puerta del colegio.
   4 Conocí a mi novia en el trabajo y empezamos a salir muy pronto.
   5 Llevé al cine a mi hija a ver una película de dibujos animados.
   6 Llevé un regalo a mi madre y se puso muy contenta.
   7 Compré una corbata a mi padre para su cumpleaños.
   8 Vi a mis tías en el pueblo, son hermanas de mi madre.
   9 Di el informe a mis jefes ayer.
   10 Llamé por teléfono a mis amigas para salir a bailar.

2 Muy señor mío:

Le escribo para pedir el puesto de trabajo que ofrece en su anuncio del periódico del lunes. ¿Puede enviar**me** la información necesaria? Enviaré mi currículum por correo a su secretaria y, si no **le** importa, **la** llamaré y **le** preguntaré más detalles sobre el puesto. **Le** saludo atentamente

Sección C *Gramática*

1 1 Le daremos el puesto.
2 Le escribí el informe.
3 Las llamé ayer.
4 Les compré zapatos.
5 Los / Les invitamos a la fiesta.
6 Les conseguí las entradas.
7 Les envié mi nueva dirección.
8 La vi en el mercado.

2 1 Sí, lo / le vi ayer.
2 Sí, le compré el periódico.
3 Sí, los / les encontré en la tienda.
4 Sí, le devolví la cartera.
5 Sí, la vi en el mercado.
6 Sí, le pagué el vestido.
7 Sí, le dieron el empleo.
8 Sí, los / les llamé anoche.

Sección D *Actividades*

1 1 Hace dos años que trabajo en la misma empresa.
2 Hace tres años que vivo aquí.
3 Hace dos meses que estoy enferma.
4 Hace diez años que vivimos en esta casa.
5 Hace dos años que somos novios.
6 Hace seis meses que conozco a mi vecino.

2 1 Trabajo en la misma empresa desde hace dos años.
2 Vivo aquí desde hace tres años.
3 Estoy enferma desde hace dos meses.
4 Vivimos en esta casa desde hace diez años.
5 Somos novios desde hace dos años.
6 Conozco a mi vecino desde hace seis meses.

3 *Sugerencias*
1 Hace ocho años que Ana se hizo economista en la universidad / estudió economía en la universidad / se licenció en economía.
2 Hace siete años que Ana se sacó el carnet de conducir / aprendió a conducir.
3 Hace seis años que Ana empezó / aprendió a jugar al tenis.
4 Hace cinco años que Ana comenzó / empezó a trabajar como secretaria / en una oficina.
5 Hace cuatro años que Ana conoció a Pedro.
6 Hace dos años que Ana se casó con Pedro.
7 Hace siete meses que Ana tuvo un niño.

Sección D *Gramática*

1 1 desde   6 desde
2 (desde) hace   7 (desde) hace
3 desde   8 desde
4 desde   9 (desde) hace
5 (desde) hace   10 desde

2 1 Ana se hizo economista en la universidad / estudió economía en la universidad / se licenció en economía hace ocho años.
2 Ana se sacó el carnet de conducir / aprendió a conducir hace siete años.
3 Ana empezó / aprendió a jugar al tenis hace seis años.
4 Ana comenzó / empezó a trabajar como secretaria / en una oficina hace cinco años.
5 Ana conoció a Pedro hace cuatro años.
6 Ana se casó con Pedro hace dos años.
7 Ana tuvo un niño hace siete meses.

3 1 Hace ocho años que Ana es economista.
2 Hace siete años que Ana conduce / sabe conducir.
3 Hace seis años que Ana juega al tenis.
4 Hace cinco años que Ana trabaja como secretaria.
5 Hace cuatro años que Ana conoce a Pedro.
6 Hace dos años que Ana está casada con Pedro.
7 Hace siete meses que Ana tiene (es madre de) un niño.

Sección E *Actividades*

1 1 f　2 h　3 a　4 l　5 e　6 i　7 d　8 j　9 b
10 k　11 c　12 g

Sección E *Gramática*

1 1 ¿En qué fecha empezó usted a estudiar en la universidad?
Empecé a estudiar en la universidad en junio del 2000.

2 ¿Qué carrera estudió usted?
Estudié Economía.

3 ¿Dónde aprendió usted a hablar francés?
Aprendí a hablar francés en la Universidad de Toulouse.

4 ¿Tuvo usted algún puesto de responsabilidad en su trabajo anterior?
No, no tuve ningún puesto de responsabilidad en mi trabajo anterior.

5 ¿Dónde hizo usted sus estudios secundarios?
Hice mis estudios secundarios en Madrid.

6 ¿Cómo se enteró usted de la existencia de este puesto?
Me enteré de la existencia de este puesto en el periódico.

2 1 empezaste　2 estudiaste　3 aprendiste
4 Tuviste　5 hiciste　6 te enteraste

Lección 3

Secciones A y B *Actividades*

1 1 e　2 h　3 b　4 d　5 c　6 g　7 a　8 f

2 2 Puerto Vallarta, Isla Mujeres
3 Puerto Vallarta, Isla Mujeres
4 Taxco
5 el pico de Orizaba
6 Taxco, Durango
7 Yum Balam
8 Isla Mujeres
9 Puerto Vallarta, Isla Mujeres, (Veracruz)
10 Oaxaca
11 Acapulco, (Puerto Vallarta)
12 Oaxaca
13 Malinalco
14 Veracruz
15 Taxco
16 Taxco
17 Oaxaca
18 Cuernavaca, Durango, Veracruz
19 Malinalco, Cuernavaca, Tulum
20 Acapulco, Puerto Vallarta, Isla Mujeres
21 Cuernavaca

3 1 caja fuerte　　2 fregadero
3 piscina　　4 gasolinera

5 correos　　6 farmacia
7 peluquería　　8 caravanas
9 plancha

```
T  B  T (F) Y  N  W  M  H  X (C) E
L (P  L  A  N  C  H  A) V (P (A (C
D  A  M (R) L  M  X  L  L  E  R  A
Q  P  V (M) Y  L  T  G  K  L  A  J
V  T  S (A) Z  U  E  R  G  U  V  A
F (C) P (C) N  B  G  R  F  Q  A  F
O  O  U (I) A  D  I  J  E  U  N  U
R  R  I (A) J  K  E  O  K  E  A  E
(F  R  E  G  A  D  E  R  O) R  S  R
N  E  N  A  H  T  D  Q  I  I  U  T
S  O  Z (P  I  S  C  I  N  A) C  E
E (S (G  A  S  O  L  I  N  E  R  A)
```

Secciones A y B *Gramática*

1 2 Si voy a Puerto Vallarta practicaré deportes.
3 Si voy a Isla Mujeres realizaré viajes de placer por el mar.
4 Si voy a Taxco compraré objetos para el hogar.
5 Si voy a Pico Orizaba subiré a una cima muy alta.

6 Si voy a Durango trabajaré para la industria del metal.

7 Si vamos a Yum Balam veremos animales y plantas de la selva

8 Si vamos a Isla Mujeres veremos las maravillas submarinas.

9 Si vamos a Puerto Vallarta viajaremos en barco.

10 Si vamos a Oaxaca visitaremos monumentos religiosos cristianos.

11 Si vamos a Acapulco iremos a unas playas internacionalmente conocidas.

2

1	haré	2	voy	3	llamaré
4	dan	5	alojaré	6	estaré
7	llegaré	8	estoy	9	podremos
10	tengo	11	veremos	12	tengo
13	iré	14	hace	15	bañaré
16	quedaré	17	Querrás	18	puedes
19	vamos	20	cenaremos	21	está
22	compraré				

Secciones C, D y E *Actividades*

1

1 el sofá
2 la estantería
3 el armario
4 el sillón
5 la bandeja
6 la lámpara
7 el escritorio
8 la mesa
9 la silla
10 la mesilla
11 el colgador

Secciones C, D y E *Gramática*

1 1 c 2 f 3 d 4 e 5 a 6 b

2 1 Esta cartera es mía.
2 Este coche es vuestro.
3 Estas casas son tuyas.
4 Este bolígrafo es mío.
5 Estos documentos son suyos.
6 Estas bolsas son nuestras.

3 1 Este cuadro es el nuestro.
2 Estas gafas son las suyas.
3 Este coche es el suyo.
4 Estos libros son los vuestros.
5 Esta blusa es la suya.
6 Estos billetes son los suyos.
7 Estas maletas son las tuyas.

2

Lugar	Ibiza	Pirineos	Guatemala
Duración	2 semanas	1 semana	14 días
Cuándo	julio	junio	marzo
Alojamiento	hotel 3*	hotel 4*	camping
Comidas	desayuno	media pensión	pensión completa, vegetariana
Precio	1.200 euros	800 euros	2.500 euros
Tipo de vacaciones (playa, etc.)	playa y diversiones nocturnas	montañas, tranquilidad	aventura
Actividades (compras, etc.)	playa, bailar, mercados callejeros	paseos y excursiones, piscina	visitar volcanes, selvas, pueblos; comprar artesanía

Lección 4

Secciones A y B *Actividades*

1 1 j 2 h 3 f 4 i 5 g 6 c 7 e 8 a 9 d
10 b

2 Horizontal:

1 intermitente	4 palanca	6 volante
7 freno	10 parabrisas	

Vertical:

2 maletero	3 embrague	5 motor
8 faro	9 capo	

Secciones A y B *Gramática*

1 2 En este parque no se entra de noche.
3 Aquí no se construye.
4 En el bosque no se enciende fuego.
5 Por la autopista no se va en bicicleta.
6 Por la ciudad no se conduce a tanta
  velocidad.
7 Aquí no se tira basura.

2 1 B 2 A 3 C 4 A 5 C 6 B 7 C
8 B 9 A 10 C 11 B

Secciones C, D y E *Actividades*

1 7.00 ducharme
   7.15 ponerme el traje azul
   8.05 dar el desayuno a los niños
   8.45 comprar el periódico
   8.50 leer el periódico
   9.30 empezar a servir a los clientes
   10.55 descansar y café
   13.30 cerrar la tienda
   14.30 hablar de negocios
   16.00 volver a la tienda
   16.35 trabajar hasta las 7 sin descansar
   19.00 volver a casa
   20.05 acostar a los niños
   21.00 sentarme por fin

2 A las siete me he levantado y me he duchado. A las siete y cuarto me he vestido, me he puesto el traje azul. A las siete y media he desayunado bien. A las ocho menos cuarto he hecho el desayuno para los niños. A las ocho y cinco he dado el desayuno a los niños. A las nueve menos veinticinco he llevado a los niños al colegio y a las nueve menos cuarto he comprado el periódico. A las nueve menos diez he tomado el metro, me he sentado y he leído el periódico. A las nueve y veinte he llegado a la tienda y he preparado las cosas. A las nueve y veinticinco he abierto la tienda y a las nueve y media he empezado a servir a los clientes. A las once menos cinco he descansado y he tomado un café. A las doce y diez he trabajado en la caja y a la una y media he cerrado la tienda. A las dos menos cuarto he comido en el restaurante de la esquina y a las dos y media he tomado café con Carlos y he/hemos hablado de negocios. A las tres y media he hecho unas compras y a las cuatro he vuelto a la tienda y lo he ordenado todo. A las cinco menos veinticinco he abierto la tienda y he trabajado hasta las siete sin descansar. A las cinco y diez he llamado a los niños. A las siete he cerrado la tienda y he vuelto a casa. A las ocho y cinco he acostado a los niños y les he leído un cuento. A las nueve me he sentado por fin y he visto la tele. A las diez y media he leído los emails y me he puesto a contestar los emails de los amigos.

Secciones C, D y E *Gramática*

1 1 ¿Has hecho ya las camas?
    —No, aún/todavía no he hecho las camas.
  2 ¿Han planchado ya la ropa?
    —No, aún/todavía no han planchado la ropa.
  3 ¿Habéis hecho ya la compra?
    —Sí, ya hemos hecho la compra.
  4 ¿Ha limpiado ya el polvo?
    —No, aún/todavía no ha limpiado el polvo.

5 ¿Han lavado ya el coche?
   –Sí, ya hemos lavado el coche.
6 ¿Has puesto en orden ya tus papeles?
   –No, aún/todavía no he puesto en orden mis
   papeles.
7 ¿Ha escrito ya la carta?
   –Sí, ya he escrito la carta.

2 1 ¿Has hecho las camas ya?
   –No, no he hecho las camas aún.
2 ¿Han planchado la ropa ya?
   –No, no han planchado la ropa aún.
3 ¿Habéis hecho la compra ya?
   –Sí, hemos hecho la compra ya.
4 ¿Ha limpiado el polvo ya?
   –No, no ha limpiado el polvo aún.
5 ¿Han lavado el coche ya?
   –Sí, hemos lavado el coche ya.
6 ¿Has puesto en orden tus papeles ya?
   –No, no he puesto en orden mis papeles aún.
7 ¿Ha escrito la carta ya?
   –Sí, he escrito la carta ya.

3 1 ¿Ha probado el jamón serrano alguna vez?
   –No, no ha probado el jamón serrano nunca.
2 ¿Has tomado tequila alguna vez?
   –Sí, he tomado tequila algunas veces.
3 ¿Habéis visitado el Museo del Prado alguna
   vez?
   –No, no hemos visitado el Museo del Prado
   nunca.
4 ¿Ha actuado en televisión alguna vez?
   –Sí, he actuado en televisión algunas veces.

5 ¿Han dicho mentiras alguna vez?
   –No, no han dicho mentiras nunca.
6 ¿Ha escrito novelas de misterio alguna
   vez?
   –No, no ha escrito novelas de misterio
   nunca.

4 1 ¿Ha probado alguna vez el jamón serrano?
   –No, no ha probado nunca el jamón
   serrano.
2 ¿Has tomado alguna vez tequila?
   –Sí, he tomado algunas veces tequila.
3 ¿Habéis visitado alguna vez el Museo del
   Prado?
   –No, no hemos visitado nunca el Museo del
   Prado.
4 ¿Ha actuado alguna vez en televisión?
   –Sí, he actuado algunas veces en
   televisión.
5 ¿Han dicho alguna vez mentiras?
   –No, no han dicho nunca mentiras.
6 ¿Ha escrito alguna vez novelas de misterio?
   –No, no ha escrito nunca novelas de
   misterio.

5 1 No, nunca ha probado el jamón serrano.
2 Sí, algunas veces he tomado tequila.
3 No, nunca hemos visitado el Museo del
   Prado.
4 Sí, algunas veces he actuado en
   televisión.
5 No, nunca han dicho mentiras.
6 No, nunca ha escrito novelas de misterio.

Lección 5

Secciones A y B *Actividades*

1 María se levantaba a las siete y se duchaba.
Desayunaba con los niños y llevaba a los niños al
colegio. Hacía las compras en el mercado. A
mediodía comía un bocadillo en casa. Después iba
a la playa/nadaba en el mar. Volvía a casa y cenaba
con la familia. Cuidaba a los niños por la noche.

2 1 **h** jugaban
2 **e** estaban
3 **m** salían
4 **g** jugaban
5 **l** tenían
6 **f** iban
7 **k** subían
8 **d** iban; hacían
9 **i** nadaban;
        buceaban
10 **a** hacían
11 **b** inventaban
12 **c** tenían
13 **j** se aburrían

Secciones A y B *Gramática*

1 1 Ahora mis hijas estudian en la universidad, pero antes estudiaban en el instituto.

2 Ahora mi padre trabaja en Madrid, pero antes trabajaba en Bilbao.

3 Ahora mis amigos juegan al fútbol los domingos, pero antes jugaban los sábados.

4 Ahora (yo) estudio informática, pero antes estudiaba historia.

5 Ahora mi hermano hace ejercicio, pero antes no hacía ejercicio.

6 Ahora mi mujer y yo viajamos a muchos sitios, pero antes no viajábamos.

7 Ahora nuestros hijos van a la costa los veranos, pero antes iban a las montañas.

8 Ahora nosotros comemos en casa, pero antes comíamos en los restaurantes.

2 1 ¿Dónde vivías antes?

2 ¿A qué jugabais de niños?

3 ¿Qué hacíais / A dónde ibais en las vacaciones?

4 ¿A qué colegio iba tu hijo antes?

5 ¿Ibas a trabajar en metro antes?

6 ¿Teníais vacaciones muy largas?

Secciones C, D y E *Actividades*

1 1 **f** fuimos; vimos
2 **h** viajaba; fue
3 **a** compraron; vivieron
4 **b** compraba; cerró
5 **c** íbamos; murió
6 **g** veíamos; vimos
7 **d** conocimos; conocíamos
8 **i** hacíamos; hicimos
9 **e** traía; trajo

2 Querida amiga:

En las vacaciones lo pasamos muy bien. Todos los días nos levantábamos muy tarde y desayunábamos en la terraza del apartamento. Después íbamos a la playa y tomábamos el sol. Tomábamos un aperitivo y después comíamos en/íbamos a comer a un restaurante. Por la tarde dormíamos la siesta y después nadábamos un rato en la piscina del apartamento. Jugábamos al tenis y después dábamos un paseo, íbamos de compras – comprábamos ropas y regalos – y bebíamos algo en un bar. Cenábamos rápidamente y nos arreglábamos e íbamos a la discoteca. Bailábamos casi toda la noche y nos acostábamos a las cinco de la mañana.

Un día nos levantamos a las seis y media de la mañana y fuimos de excursión a la montaña. Hicimos veinte kilómetros a pie y vimos lagos y caballos salvajes. Visitamos un pueblo antiguo y vimos una iglesia del siglo XII. Nos bañamos en el río y comimos en el campo. Volvimos muy cansados y nos acostamos a las diez de la noche.

3 *Sugerencias*

1 Lleva bronceador para no quemarse con el sol/para protegerse del sol.

2 Lleva un traje de baño para nadar/para bañarse.

3 Lleva un paraguas para no mojarse (con la lluvia)/para protegerse de la lluvia.

4 Lleva un vestido de noche para salir por la noche.

5 Lleva gafas de sol para proteger los ojos del sol.

6 Lleva un sombrero para proteger la cabeza del sol.

7 Lleva una novela para leer en la playa.

8 Lleva una toalla para secarse después de nadar.

Secciones C, D y E *Gramática*

1 1 comía   2 fuimos   3 salía
4 estuviste   5 tuvieron   6 discutían
7 ganaron   8 tenía   9 hizo
10 compraste

2 1 Sí, nadaban siempre en la piscina, pero dos días nadaron en el lago.

2 Sí, jugábamos a menudo al baloncesto, pero algunos días jugamos al fútbol.

3 Sí, me levantaba generalmente muy tarde, pero todo el mes pasado me levanté muy temprano.

4 Sí, normalmente iba al trabajo en bicicleta, pero la semana pasada fui en coche.

5 Sí, mis hermanos tenían mucho trabajo, pero el año pasado no tuvieron casi nada de trabajo.

6 Sí, antes hacía mucho calor en agosto, pero en el pasado mes de agosto hizo bastante fresco.

7 Sí, mis padres estaban en el pueblo todos los
   fines de semana, pero el mes pasado se
   quedaron/estuvieron en casa todos los fines
   de semana.

Lección 6

Sección A *Actividades*

1 1 ¿Dónde te alojaste?/¿Dónde estuviste?
         (también posible: ¿Dónde te
         alojabas/estabas?)
      2 ¿Dónde estaba el hotel?
      3 ¿Qué tiempo hacía/ hizo?
      4 ¿Cómo era el hotel?
      5 ¿Era (muy) grande el hotel?
      6 ¿Cuántas habitaciones tenía/había?
      7 ¿Cómo eran las habitaciones?
      8 ¿Qué (facilidades) tenía el hotel?/¿Qué
         había en el hotel?
      9 ¿Cuántos restaurantes había?
     10 ¿Cómo era la comida?
     11 ¿Qué tipo de comida había?
     12 ¿Era interesante el curso?
     13 ¿Cuántas horas de clase tenías cada día?
     14 ¿Y qué hacías en tu tiempo libre?

2 1 Me alojé en un hotel. / Estaba en un hotel.
      2 ¿El hotel? Estaba en el norte de España, en
         los Pirineos.
      3 Hacía/Hizo muy buen tiempo todos los
         días.
      4 ¿El hotel? ¡Era muy bonito y muy antiguo!
      5 Sí, era muy grande.
      6 Tenía/Había doscientas habitaciones por lo
         menos.
      7 La mayoría de las habitaciones eran dobles,
         con todo tipo de comodidades.
      8 Pues . . . tenía/había piscina, jardín, bar,
         restaurantes . . .
      9 Había tres restaurantes, uno local y dos
         internacionales.
     10 ¿La comida? Era excelente.
     11 Había comida internacional, pastas, arroces
         . . .
     12 Sí, el curso era muy interesante.
     13 Tenía seis horas de clase cada día.

     14 ¿En mi tiempo libre? Pues, daba paseos,
         hacía excursiones.

Sección A *Gramática*

1 1 está   2 está   3 es   4 es
      5 está   6 hay   7 tiene / hay   8 son
      9 hay   10 tiene   11 es   12 Hay
     13 tienen   14 es   15 son   16 hace

2 Antes mi ciudad era muy bonita, era una
      ciudad pequeña y estaba al lado del mar. En
      verano había muchos turistas porque tenía
      unas playas preciosas. La mayoría de los
      edificios eran antiguos y había muchas tiendas
      con objetos de regalo, ropa y antigüedades.
      Laredo tenía restaurantes estupendos y la
      comida era excelente. Había mucho pescado y
      marisco. Los alrededores tenían paisajes
      maravillosos y el clima era muy bueno, los
      veranos eran frescos y en invierno no hacía
      mucho frío.

3 1 había   2 estaba   3 era   4 estaba
      5 tenían   6 había   7 tenía   8 había
      9 era

Secciones B y C *Actividades*

1 *Tus respuestas serán como éstas:*
      1 Había tres ladrones, dos hombres y una
         mujer.
      2 Un ladrón era alto, gordo, con pelo moreno,
         liso y largo, llevaba barba y bigote. Llevaba
         una camiseta vieja y sucia, pantalones
         vaqueros y sandalias. El otro ladrón era
         pequeño y delgado, no tenía pelo (era calvo)
         y llevaba una gorra. Llevaba un traje viejo
         negro con corbata y llevaba botas. La mujer
         tenía el pelo rubio, corto y rizado. Llevaba

una falda larga y negra y una blusa blanca. Llevaba zapatos y tenía/llevaba gafas de sol.
3 Una mochila con muchas cosas.
4 La mochila era grande y negra/de color negro.
5 Había un pañuelo que era de seda azul, una cartera de piel negra, unos guantes que eran negros, de piel/de piel negra, una calculadora, unas gafas (de sol) blancas/de color blanco, un libro, un cuaderno, una agenda, una gorra y un jersey de lana gris.

2 María Martínez **era** actriz. **Era** muy abierta y simpática, pero antes de actuar siempre **estaba** seria y pensativa. No hablaba con nadie y **estaba** concentrada en su papel. Su voz **era** un poco ronca, pero también **era** muy cálida. Su padre **era** también actor y por eso tuvo mucha influencia en su personalidad de actriz. Su familia **era** muy importante para ella. **Estaba** casada con un actor y sus hijos siempre **estaban** con ella cuando **eran** pequeños. De físico no **era** muy atractiva, pero su cara **era** muy especial, de mirada penetrante. **Era** bastante alta y aunque cuando **era** niña **estaba** un poco gordita, de mayor **estaba** bastante delgada para su altura. **Era** muy elegante, su ropa **era** siempre muy especial. El carácter de María **era** fuerte, pero nunca **estaba** enfadada. Sus papeles siempre **eran** de mujer fuerte y fría, pero su personalidad **era** cálida y amable. Normalmente **era** bastante activa e inquieta, incluso **era** bastante nerviosa, pero, eso sí, cuando actuaba nunca **estaba** nerviosa. **Era** una actriz fantástica que **estaba** enamorada de su público. Y el público **estaba** loco por ella.

3 **1** ¿Cómo estaba antes de actuar?
   2 ¿Cómo era su voz?
   3 ¿Qué profesión tenía su padre?/¿Qué era su padre?/¿Cuál era la profesión de su padre?
   4 ¿Estaba soltera o casada?
   5 ¿Con quién estaba casada?
   6 ¿Tenía hijos?
   7 ¿Cómo era (de físico)?
   8 ¿Cómo eran sus papeles?
   9 ¿Estaba nerviosa cuando actuaba?

10 ¿Cómo estaba el público por ella?/¿Qué pensaba el público de ella?/¿Cuál era la opinión del público sobre ella?

Secciones B y C *Gramática*

1 **1** Joaquín y Marta son españoles.
   2 Vosotros sois muy inteligentes.
   3 El jardín está muy bien arreglado.
   4 Yo estoy soltero, pero mi hermana está viuda.
   5 Sus nietos son encantadores.
   6 Tu hijo es muy educado.
   7 La habitación es muy grande, pero está muy desordenada.
   8 La sala es muy acogedora.
   9 Sus tíos son irlandeses.
   10 Tus hijos son muy egoístas.
   11 Los cuadros de esta pintora son excelentes, pero son muy caros.

2 **1** estaba   **6** estaba
   2 era; era   **7** estabais
   3 estaba   **8** eras; eras; eras
   4 estaba; estaba   **9** estábamos
   5 era; era   **10** era; está

Secciones D y E *Actividades*

1 **1** F El piso de Luisa estaba en el centro.
   2 V Tiene un jardín muy grande.
   3 F Luisa puede usar la piscina casi todo el año porque en su ciudad hace buen tiempo casi siempre.
   4 F Cuando vivía en el piso iba andando y por la noche siempre encontraba taxis.
   5 F Va en autobús durante el día, porque es difícil aparcar. Va en coche por la noche.
   6 V Hay problemas de día, pero no de noche.
   7 F Sale cada media hora y a veces hay que esperar media hora.
   8 V Ya tiene el carnet de conducir.
   9 F El piso tenía dos dormitorios menos que la casa (el piso tenía cuatro dormitorios y la casa tiene seis).

10 F Tienen cinco hijos: cuatro hijos (chicos) y una hija.

11 V Por ser la única chica.

12 F Dos compartían una habitación y los otros dos otra.

13 V Le subieron el sueldo.

14 F La casa es antigua pero está como nueva y no hay que hacer reparaciones porque los dueños anteriores la arreglaron.

2 A principios del siglo XX no había teléfono móvil / ordenadores / calculadoras / (máquinas de) fax / vídeo / televisión / relojes digitales.

Secciones D y E *Gramática*

1 1 tenía
   2 tuvo
   3 era
   4 salió/fue
   5 tenía; era
   6 fueron; vieron

7 vivía; era; estaba; funcionaban
8 chocó; pasó
9 estaba; había
10 había; hacía
11 tuvimos; llegamos

2 1 Antes el cine estaba enfrente de la cafetería pero hace dos años lo pusieron en otra calle.

2 Antes nosotros trabajábamos poco, hasta que vino un/el nuevo jefe.

3 Desde mi terraza antes se veía un paisaje precioso, pero el año pasado construyeron (unos) pisos enfrente.

4 Antes no había tantas fábricas en la ciudad, pero instalaron muchas hace dos años.

5 Hasta que abrieron las fábricas la vida era tranquila en el pueblo.

6 En aquella época yo no trabajaba y me dedicaba / dediqué a cuidar a mis hijos.

7 Mi jardín estaba lleno de flores, pero hacía / hizo mucho calor y se secaron.

Lección 7

Actividades y gramática

1 *Sugerencia*

¿Cómo se llama?
–Me llamo Marta Rodríguez.
¿Dónde nació?/¿Dé dónde es usted?
–Nací en Sevilla./Soy de Sevilla.
¿Cuándo nació?
–Nací en 1938.
¿Qué estudió?/¿Qué estudios hizo/realizó?
–En 1956 fui a la universidad de Sevilla e hice la Licenciatura en Economía/me licencié en Economía/estudié la carrera de Economía. En 1962 fui a la universidad Madrid e hice un Doctorado en Ciencias políticas.
¿Qué trabajos hizo/realizó?
–Desde 1966 trabajé como/fui empleada en varias embajadas. Desde 1969 hasta 1976 fui embajadora en varios países. En 1977 fui/me nombraron/me eligieron Ministra de Cultura. Desde 1985 trabajé como ejecutiva de una empresa.

¿Está casada?/¿Puede hablarnos de su familia?
–En 1969 me casé por primera vez con Ramón García. En 1973 tuve a mi primer hijo, Luis. En 1975 tuve a mi segundo hijo, Juan. En 1983 me quedé viuda ya que mi marido murió en un accidente. En 1988 volví a casarme con un empresario, pero en 1990 me divorcié.
¿Qué le gusta hacer en su tiempo libre?
–Me gusta la política, practicar deporte, me encanta el tenis, me gusta la lectura, sobre todo me encantan/me gustan mucho las biografías de políticos, y me gusta mucho la música clásica.
¿Cómo es usted?/¿Cómo es su personalidad/carácter?
–Soy/Mi personalidad es simpática y abierta, soy inteligente y prudente.

2 *Sugerencia*

Se llama Marta Rodríguez. Nació en Sevilla./Es de Sevilla. Nació en 1938. En 1956 fue a la universidad de Sevilla e hizo la Licenciatura en Economía/se licenció en Economía. En 1962 fue a la universidad de Madrid e hizo un

Doctorado en Ciencias políticas. Desde 1966 trabajó como/fue empleada en varias embajadas. Desde 1969 hasta 1976 fue embajadora en varios países. En 1977 fue/la nombraron/la eligieron Ministra de Cultura. Desde 1985 trabajó como ejecutiva de una empresa. En 1969 se casó por primera vez con Ramón García. En 1973 tuvo a su primer hijo, Luis. En 1975 tuvo a su segundo hijo, Juan. En 1983 se quedó viuda ya que su marido murió en un accidente. En 1988 volvió a casarse con un empresario, pero en 1990 se divorció. Le gusta la política, practicar deporte, le encanta el tenis, le gusta la lectura, sobre todo le encantan/le gustan mucho las biografías de políticos, y le gusta mucho la música clásica. Es/Su personalidad es simpática y abierta, es inteligente y prudente.

⓪ *Tu artículo debe ser similar al de Actividad 2, pero en primera persona como las respuestas de Actividad 1:*
Me llamo . . . Nací en . . ./Soy de . . . Fui a la escuela, hice el bachillerato/ la secundaria en . . ./a la universidad en . . . Hice . . . Me licencié en . . ./ Estudié la carrera de . . . Trabajé como . . . Fui . . . Me casé . . . Tuve un hijo . . . Me quedé viudo/a . . . Volví a casarme . . . Me divorcié . . . Me gusta . . . me encanta . . . sobre todo me encantan . . . me gusta mucho . . . Soy/Mi personalidad es . . . Mi carácter es . . .

④

1	volvimos	16	nos agradó
2	Estuvimos	17	les gustó
3	Fuimos	18	Estuvimos
4	fue	19	le gusta/le gustó
5	me gustó	20	fuimos
6	fue	21	les encantan/
7	fue		les encantaron
8	le gusta	22	me gustaron
9	Llegamos	23	me gustó
10	fuimos	24	fuimos
11	dormí	25	me encantó
12	sabes	26	pusieron ponían
13	me encanta	27	es
14	nos gustó	28	me divierten
15	Era	29	me gustó

⑤ a 1 B　2 A　　3 A　　4 A　　　5 B　　6 B
　　7 B　8 A/B　9 A　10 A/B　11 B　12 B

b 2　Dijiste; dije
3　Mostraste; mostré
4　Tuviste; tuve
5　Fuiste; fui
6　Hiciste; hice
7　Evitaste; evité
8　No fumaste; no fumé
9　Estuviste; estuve
10　No fuiste; no fui
11　Te pusiste; me puse
12　No hablaste; no hablé

⑥ 2　El domingo quiero ir al cine con Pepe, lo / le invitaré.
3　Tengo que hablar con mis padres, les / los llamaré mañana.
4　No me gusta este vestido para mi hermana; le compraré el otro.
5　El domingo pasado conocí a un chico muy simpático, le he escrito un email.
6　Ayer vi a tu madre, la encontré en el supermercado.
7　Estamos invitados a la boda de Felipe y Ana, les regalaremos un jarrón.
8　Ana vio a sus tías ayer por la calle, las saludó.
9　Susana no sabe nada, le daré la noticia mañana.

⑦ 1　¿Cuántos años hace que Rosa sale con su novio?
–Hace bastantes años que Rosa sale con su novio. Sale con su novio desde hace seis años.
2　¿Cuánto tiempo hace que vosotros vivís en esta casa?
–Hace pocos meses que vivimos en esta casa. Vivimos en esta casa desde hace cinco meses.
3　¿Cuánto hace que tu familia está en el extranjero?
–Hace unos cuantos años que mi familia está en el extranjero. Mi familia está en el extranjero desde hace diez o doce años.
4　¿Cuánto tiempo hace que (ellos) trabajan en la misma empresa?
–Hace muchos años que trabajan en la misma empresa. Trabajan en la misma empresa desde hace veinticinco años.
5　¿Cuántos días hace que tus padres tienen este coche?
–Hace pocos días que mis padres tienen este coche. Mis padres tienen este coche desde hace diez días.

8 *Tu respuesta debe ser similar a ésta:*

Día 1: iremos a Acapulco y tomaremos el sol en sus famosas playas. Nos alojaremos en un moderno hotel.

Día 2: Iremos a las famosas minas de Taxco. Compraremos joyas, ropas y muebles. Visitaremos la escuela de arte.

Día 3: Iremos a Oaxaca y veremos sus famosos monumentos. Iremos a la fiesta/participaremos en la fiesta; bailaremos y cantaremos.

Día 4: Iremos a Yum Balam y veremos/estudiaremos las plantas y los animales salvajes, como el puma.

Día 5: En Malinalco tomaremos/beberemos café y comeremos frutas típicas. También veremos las ruinas prehispánicas.

Día 6: Iremos de compras en los famosos mercados de Cuernavaca y veremos un templo pirámide.

Día 7: Iremos a Durango a ver las minas y la industria.

Día 8: Subiremos al pico de Orizaba y veremos la nieve y el parque.

Día 9: En Puerto Vallarta practicaremos el senderismo y pescaremos. También haremos paracaidismo acuático. Haremos una excursión en barco.

Día 10: Visitaremos las ruinas de las ciudades mayas de Tulum.

Día 11: Iremos a Veracruz y visitaremos el puerto.

Día 12: En Isla Mujeres veremos muchos peces y algas. Bucearemos y recorreremos los alrededores en lancha.

9
1 Las negras son las mías./Las mías son las negras.
2 El azul es el suyo./El suyo es el azul.
3 La de la derecha es la mía./La mía es la de la derecha.
4 Aquéllos son los vuestros./Los vuestros son aquéllos.
5 La pequeña es la tuya./La tuya es la pequeña.
6 Los negros son los suyos./Los suyos son los negros.

10
1 No debes mover la pierna. Si mueves la pierna/Si la mueves te dolerá más.
2 Debes ponerte estas gotas. Si te pones estas gotas te dolerá menos.
3 Debes ponerte esta crema. Si te pones esta crema no te escocerá.
4 No debes hablar. Si hablas te quedarás sin voz.
5 Debes quedarte en la cama. Si te levantas te pondrás peor.
6 Debes trabajar menos. Si trabajas menos estarás más tranquilo.
7 Debes hacer más ejercicio. Si haces más ejercicio te pondrás en forma.

11 *Sugerencias*
1 policía de tráfico en la calle
2 cliente en un taller de reparaciones
3 profesor de conducir en el coche
4 cliente en la agencia de alquiler de coches
5 persona en la calle hablando con un guardia de tráfico
6 conductor(a) en la carretera habla con otro conductor(a)
7 examinador de conducir a una persona que hace el examen
8 ciclista en la calle o carretera
9 empleado/a en la agencia de alquiler de coches
10 conductor(a) llamando por teléfono desde la carretera o autopista a un taller mecánico

12
1 Se requiere experiencia de cinco años.
2 Se valoran conocimientos de inglés.
3 Se piden estudios a nivel universitario.
4 Se exige lealtad absoluta a la empresa.
5 Se necesita conductor experto.
6 Se ofrecen excelentes condiciones de trabajo.
7 Se pagan los mejores sueldos.
8 Se seleccionan a los mejores profesionales.

13 Ya ha leído el correo electrónico.
Ya ha escrito y enviado tres mensajes.
Ya ha buscado información en Internet para la presentación en Valencia.
Aún no ha llamado por teléfono a la sucursal de Edimburgo.
Ya ha tenido la reunión de la mañana con los empleados.
Ya ha hablado con el jefe de la sucursal de Berlín.

Ya ha escrito el documento sobre estrategia comercial.
Ya ha sacado los billetes para el viaje de negocios a Lisboa.
Aún no ha reservado un hotel en Lisboa.
Ya ha pagado tres facturas.
Aún no ha terminado el informe anual.
Ya ha hecho la entrevista para el puesto de secretario.
Aún no ha preparado la presentación de la feria de Valencia.
Aún no ha archivado sus documentos.
Ya ha mandado un fax a su jefe.

14 ¿Has leído el correo electrónico ya?
–Sí, he leído ya el correo electrónico.
¿Has escrito y enviado tres mensajes ya?
–Sí, he escrito y enviado ya tres mensajes.
¿Has buscado información en Internet para la presentación en Valencia ya?
–Sí, he buscado ya información en Internet para la presentación en Valencia.
¿Has llamado por teléfono a la sucursal de Edimburgo ya?
–No, no he llamado por teléfono a la sucursal de Edimburgo aún.
¿Has tenido la reunión de la mañana con los empleados ya?
–Sí, he tenido ya la reunión de la mañana con los empleados.
¿Has hablado con el jefe de la sucursal de Berlín ya?
–Sí, he hablado ya con el jefe de la sucursal de Berlín.
¿Has escrito el documento sobre estrategia comercial ya?
–Sí, he escrito ya el documento sobre estrategia comercial.
¿Has sacado los billetes para el viaje de negocios a Lisboa ya?
–Sí, he sacado ya los billetes para el viaje de negocios a Lisboa.
¿Has reservado un hotel en Lisboa ya?
–No, no he reservado un hotel en Lisboa aún.
¿Has pagado tres facturas ya?
–Sí, he pagado ya tres facturas.
¿Has terminado el informe anual ya?
–No, no he terminado el informe anual aún.
¿Has hecho la entrevista para el puesto de secretario ya?

–Sí, he hecho ya la entrevista para el puesto de secretario.
¿Has preparado la presentación de la feria de Valencia ya?
No, no he preparado la presentación de la feria de Valencia aún.
¿Has archivado tus documentos ya?
–No, no he archivado mis documentos aún.
¿Has mandado un fax a tu jefe ya?
–Sí, he mandado ya un fax a mi jefe.

15 Organizaba conferencias. Entrevistaba al personal. Preparaba informes. Hacía reservas de transporte y hotel. Llamaba a los clientes. Buscaba información en la Internet. Pagaba las facturas. Tenía reuniones con los empleados. Hacía presentaciones en conferencias. Archivaba documentos. Recibía y enviaba el correo electrónico. Mandaba faxes.

16

1	vivimos	10	jugábamos
2	vivíamos	11	teníamos
3	trabajaba	12	nadábamos
4	ayudaba	13	hacía
5	hacía	14	vivimos
6	iban	15	trabaja
7	era	16	estudia
8	tenía	17	estudio
9	iba		

17 *Sugerencia*
Querido amigo/a:
Por fin he decidido cambiar mi vida. Estaba cansada de la tienda y he decidido venderla. Ahora tengo más tiempo para estar con mis hijos. Antes mi vida diaria era muy agitada. Todos los días me levantaba muy temprano, a las siete y me duchaba y me vestía. Desayunaba y hacía el desayuno para los niños. Les daba el desayuno y los llevaba al colegio. Después compraba el periódico, tomaba el metro, me sentaba y leía el periódico. Llegaba a la tienda y preparaba las cosas, abría la tienda y servía a los clientes. A las once (a media mañana) descansaba y tomaba un café. Después trabajaba en la caja y a la una y media cerraba la tienda. Después comía en el restaurante de la esquina y tomaba café con Carlos y hablábamos de negocios. Hacía unas compras y volvía a la

tienda y ordenaba todo. Abría la tienda y
trabajaba hasta las siete sin descansar. A las cinco
(aproximadamente) llamaba a los niños.
A las siete cerraba la tienda y volvía a casa. Por
la noche (a las ocho) acostaba a los niños y les
leía un cuento. Entonces me sentaba por fin y
veía la tele. Después leía los e-mails y me ponía
a contestar los e-mails de los amigos.

18 *Sugerencia*
Antonio era delgado y bajo, tenía el pelo negro,
rizado y muy largo, llevaba/tenía barba y bigote.
Llevaba una camisa blanca y chaqueta negra y
pantalones vaqueros, también llevaba un
sombrero negro, un poco extraño, y gafas de
sol. Llevaba un pendiente en la oreja izquierda.
Estaba triste y enfadado. Carmen era alta y
delgada, tenía el pelo rubio, corto y liso.
Llevaba una falda larga de color blanco y un
jersey negro, llevaba también un pañuelo negro.
Llevaba zapatos de tacón negros y un bolso
blanco. Tenía/Llevaba un collar, muchas
pulseras, pendientes muy largos y muchos
anillos. Estaba muy contenta.

19
1	era	10	comíamos
2	vivía	11	Íbamos
3	estaba	12	había
4	era	13	teníamos
5	había	14	ayudábamos
6	había	15	eran
7	éramos	16	tenían
8	éramos	17	trabajaban
9	jugábamos	18	ayudaba

19	se ocupaba	24	había
20	hacía	25	tenía
21	limpiaba	26	parecía
22	lavaba	27	éramos
23	era	28	queríamos

20 Ana tenía una hija muy perezosa y no le gustaba
estudiar. Era inteligente, pero sólo le gustaba
salir con sus amigos y pasaba las tardes en la
calle, no le gustaba nada estar en casa. No
volvía a casa hasta la madrugada. Ana estaba
muy preocupada por ella. Lo intentó todo,
hasta castigarla, pero no dio resultado.
El hermano de José estaba obsesionado por su
aspecto físico, antes de salir de casa pasaba dos
horas arreglándose delante del espejo. Le
encantaba vestirse con ropa extraña, siempre de
negro. Le encantaba el color negro. Todo el día
le preguntaba si estaba guapo. José no podía
convencerle de que la imagen no era lo más
importante.
María discutía mucho con su familia. A su
marido le encantaba discutir por cualquier
tontería y a sus hijos les gustaba hacerla sufrir y
no la respetaban. María no podía más. La
semana pasada decidió marcharse y dejarlos
todos. Compró un billete e hizo la maleta, pero
después se sentía culpable.

Test Cultural

Goya: **1** b **2** c **3** b **4** a **5** a **6** c **7** c
Dalí: **1** b **2** c **3** b **4** b **5** a **6** b **7** c

Lección 8

Secciones A y B *Actividades*

1 a
1	cepillos	2	abrigos	3	pañuelos
4	abanicos	5	revistas	6	moquetas
7	dientes	8	relojes	9	cuadros
10	cucharas				

b Esta tarde los tíos de Ana van a comprar el
coche pequeño.

2 a/b 1 a 2 b 3 a 4 c 5 c 6 a

c 1 La explosión de los deportes, del ocio, los
viajes y el desarrollo de las comunicaciones.
2 Un objeto indispensable a nivel mundial y
un icono de la moda.
3 Todos, incluyendo los deportistas, actores
y actrices, modelos y estrellas de la música.

d **1** vigencia **2** hitos **3** ojales **4** urbana
5 aportan **6** caminar **7** variaciones
8 conocida **9** masivo **10** lanza
11 calzado **12** leves **13** icono

Secciones A y B *Gramática*

1 **1** No, ésta no es la casa que alquilaron mis padres. La que alquilaron mis padres es aquélla.
2 No, éstas no son las fotos que hice en Madrid. Las que hice en Madrid son aquéllas.
3 No, éstos no son los amigos que conocimos en la playa. Los que conocimos en la playa son aquéllos.
4 No, éstas no son las flores que me envió mi novio. Las que me envió mi novio son aquéllas.
5 No, éste no es el abrigo que perdió mi hijo. El que perdió mi hijo es aquél.
6 No, ésta no es la pulsera que me compraron mis padres. La que me compraron mis padres es aquélla.
7 No, éste no es el fax que tengo que mandar a mi jefe. El que tengo que mandar a mi jefe es aquél.

2 **1** Les compré un regalo.
2 José te escribió un email.
3 Le envié un paquete.
4 Os he preparado la comida.
5 Le limpié el cuarto.
6 Mis amigos me compraron un regalo.
7 Les leí un poema.
8 María nos sacó entradas.

3 **1** Te la voy a comprar.
2 Se la enviaré.
3 Juan nos la escribió.
4 Mis padres se lo regalaron.
5 Se los compré.
6 Pepe os las dio.
7 Me las compraré.
8 Se los trajeron.

Secciones C y D *Actividades*

1 El libro tiene unas páginas rotas.
Al libro le faltan treinta páginas.
La jarra no tiene asa/A la jarra le falta el asa.
El zapato tiene el tacón roto/Al zapato le falta el tacón.
El jersey tiene un agujero.
Los pantalones tienen una pierna más corta que la otra.
A la bicicleta le falta una rueda/La bicicleta sólo tiene una rueda.

2 Muy señor mío:
Las vacaciones que reservamos a través de su agencia fueron un desastre. En primer lugar no pudimos esquiar porque no había nieve. Además los remontes a la montaña estaban estropeados y no pudimos/podíamos subir. El hotel estaba lejos de las pistas de esquí. Además era viejo y estaba mal cuidado. La habitación era pequeña y fea. La ventana tenía vistas a un patio cerrado en vez de a la montaña. La calefacción no funcionaba. El baño no tenía agua caliente y la ducha estaba rota. En la piscina cubierta no había agua/La piscina cubierta no tenía agua. La sauna estaba estropeada. Por la noche había mucho ruido porque había una discoteca debajo de la habitación.
Esperamos que nos devolverán el dinero que les pagamos.
Saludos cordiales

3 **a** **1** fabrican **11** facilitarles
2 pagamos **12** intermediarios
3 sabemos **13** pagan
4 producen **14** creación
5 instalarse **15** actualidad
6 impuestos **16** encontrar
7 condiciones **17** procedentes
8 fabricar **18** dañado
9 proporcionan **19** elaborado
10 ofrecer **20** haciendo

b **1** Porque sus precios son muy altos.
2 Muy pocos.
3 Tierras a bajo precio, bajos sueldos y bajos impuestos.

4 Fabrican a bajo precio y venden a un precio muy alto.

5 Se les paga un precio justo por su trabajo y se venden los productos sin intermediarios, así que los beneficios pasan directamente a ellos.

6 En Holanda.

7 No se daña el medio ambiente y no se explota a los trabajadores.

8 Con catálogo.

Secciones C y D *Gramática*

1 1 Sí, quiero aquél.
2 Sí, quieren éstos.
3 Sí, queremos ésas.
4 Sí, queremos aquélla.
5 Sí, quiero éstas.
6 Sí, queremos ése.
7 Sí, quiero aquéllos.
8 Sí, queremos ésta.
9 Sí, quiero aquéllas.

10 Sí, quieren éste.
11 Sí, queremos ésos.

2 1 Sí, los compré la semana pasada y ya se han roto.
2 Sí, la limpiamos ayer y ya se ha ensuciado.
3 Sí, el mecánico lo arregló ayer y ya se ha estropeado.
4 Sí, la arreglasteis ayer y ya se ha roto.
5 Sí, las arreglé ayer y ya se han estropeado.
6 Sí, las lavé el lunes y ya se han ensuciado.

3 1 ¿Puedes comprarlas?
2 Tenemos que encontrarlas.
3 Hay que llamarlos.
4 Debes enviarla.
5 Hay que avisarlo.
6 Tenéis que comerla.
7 Debo ordenarlos.
8 Tienen que corregirlas.

Lección 9

Secciones A y B *Actividades*

1 1 F (La mujer tuvo la culpa del accidente porque no iba en muy buenas condiciones a causa del alcohol.) **2** V **3** V **4** F (La moto quedó destrozada.) **5** F (La mujer estaba enfadada y había bebido alcohol: estaba bebida.) **6** V **7** F (Tenía una pequeña herida en la cara.) **8** F (La mujer amenazó a los jóvenes.) **9** F (Los/Les amenazó con un cuchillo.) **10** F (La policía arrestó a la mujer.)

2 *Sugerencia*
Querida amiga:
La otra noche me pasó algo muy curioso. Estaba lloviendo/Llovía y hacía frío. Era muy tarde. Yo andaba/estaba andando por una calle muy oscura y un hombre me seguía. Yo empecé a correr y el hombre corrió también. Yo estaba muy nervioso. Llegué a mi casa, llamé al timbre y mi mujer abrió la puerta. Yo entré en casa y llamé a la policía. Vinieron dos policías, yo les conté el problema. Después de una hora un hombre llamó por teléfono. El hombre tenía mi cartera, la encontró en la calle y quería devolvérmela. Era el hombre que me siguió en la calle.

Secciones A y B *Gramática*

1 1 hablaban; reían; llegó; enfadó
2 volvía; atacaron
3 estudiábamos; entró
4 cocinaba; llamaron; dijeron
5 veíamos; estropeó; pudimos
6 había; pudimos
7 llovía; salí; mojé; tenía

2 1 estaba paseando; me robaron
2 llegaste; te estaba esperando/estaba esperándote
3 estaba cenando; llegaron
4 estaba trabajando; lo llamó
5 estaba durmiendo; vinisteis

6 estaban pasando; tuvo
7 estaba nadando; le dio

3 1 paseaba   5 dormía
2 te esperaba   6 pasaban
3 cenaba   7 nadaba
4 trabajaba

Sección C *Actividades*

1 a 1 desde   2 hasta   3 para
4 a   5 sobre   6 contra
7 hacia   8 en   9 de
10 por   11 ante   12 según
13 Tras   14 con   15 entre
16 bajo/de

b a, en, de, ante, bajo, contra, desde, entre, hacia, hasta, para, según, sobre, tras (**por** y **con** no aparecen)

```
B I N P S T E C E S A N
I A N T E U N P O S T R
C U J S I S T H D E B L
S U C O N T R A U Q T Q
R F D B O J E C J H E E
Y V T R A S W I X E P L
Q S B E M X H A S T A G
I B D L T P Q R E Y R U
L M F E S I M W G P R A
P K R F S J K E U T Y J
O I S H Q D L U N N F L
T E L D K G E S J M D G
```

2 c, h, k, g, d, j, a, b, o, p, i, m, e, l, n, f
Nota: Las primeras seis frases (c, d, g, h, j, k) que indican descripción pueden cambiar de lugar en la historia.
El otro día Carmen volvía **del** teatro. Iba **a** su casa **a** pie. No había nadie **por** la calle. Era **de** noche, **sobre** las doce de la noche. **En** la avenida no había luces. Llovía **sin** parar y hacía mucho frío. Carmen llevaba el bolso colgado **del** hombro/**en** el hombro. De repente oyó unos pasos **tras** ella/**detrás de** ella. Se volvió **hacia** atrás y vio **a** una mujer. La mujer se puso rápidamente **al** lado **de** Carmen y le arrancó el bolso **del** hombro. Entonces se fue corriendo **por** la avenida. Carmen, **con** un gran susto, fue **a** casa. Llamó **al** banco **por** teléfono **para** cancelar sus tarjetas de crédito.

Sección C *Gramática*

1 1 a; en   6 de; sin
2 en; a   7 a / hacia; de (del)
3 de   8 ante
4 de   9 de / sobre; en; a; de
5 a; con; de   10 por; hasta

2 2 ¿En qué consiste tu trabajo?
3 ¿En qué trabajas?/¿Cuál es tu trabajo/profesión?
4 ¿De quién está enamorada Marisa?
5 ¿Con quién fuiste a la playa?
6 ¿Cómo es el protagonista de la película?
7 ¿Hacia donde corrió la chica?
8 ¿Sabes reaccionar ante un problema?
9 ¿De qué habló el profesor a/con los estudiantes?/¿Con quién habló el profesor en la conferencia?
10 ¿Te gusta pasear por el parque?

3 1 para   2 por   3 para   4 para   5 por
6 por   7 para   8 para   9 por   10 para

4 1 ¿Para qué estudia mucho? / ¿Por qué estudia mucho?
2 ¿Por qué trabaja Luis (si es rico)?
3 ¿Para qué compró muchos globos? / ¿Por qué compró muchos globos?
4 ¿Para qué sirve esto?
5 ¿Por qué no sale a la calle?
6 ¿Por qué tenemos que poner el aire acondicionado?
7 ¿Para quién trabaja tu hermano?
8 ¿Esta calle es sólo para peatones?
9 ¿Por qué perdieron el avión?
10 ¿Para qué compró un coche grande? / ¿Por qué compró un coche grande?

Secciones D y E *Actividades*

1 1 estación   2 suelo   3 acercó
4 puñetazo   5 joven   6 bastante

<table>
<tr><td>**7** llevaba</td><td>**8** camiseta</td><td>**9** sucia</td></tr>
<tr><td>**10** viejos</td><td>**11** cerveza</td><td>**12** levantó</td></tr>
<tr><td>**13** pegó</td><td>**14** hice</td><td>**15** dimos</td></tr>
<tr><td>**16** correr</td><td>**17** pudimos</td><td>**18** sobre</td></tr>
<tr><td>**19** regalo</td><td>**20** pequeña</td><td>**21** aunque</td></tr>
<tr><td>**22** zapatos</td><td>**23** bolsa</td><td>**24** agenda</td></tr>
</table>

2 **a**
1 Ocurrió sobre las diez o diez y cuarto de la noche.
2 Era muy bonita, pequeña, marrón, de plástico duro.
3 Llevaba una camiseta blanca, muy sucia, y unos pantalones vaqueros muy viejos.
4 La maleta estaba en el suelo, a mi lado.
5 Estábamos sentados los dos, mi novia Marina y yo, en la cafetería de la estación, en una mesa.
6 Sí, también llevábamos libros, cuatro pares de zapatos, una bolsa de aseo, una agenda electrónica y un cargador para el móvil.
7 El chico era bastante gordo y llevaba el pelo muy corto.
8 El chico estaba tomando una cerveza en la mesa de al lado y se levantó y cogió la maleta.
9 Alguien se acercó, cogió la maleta del suelo y me pegó un puñetazo.
10 La verdad es que no comprendo por qué me pegó, porque yo no hice nada cuando el chico cogió la maleta.
11 Llevábamos ropa, aunque no llevábamos mucha (ropa), era ropa que nos gustaba mucho.
12 Cuando nos dimos cuenta, el chico salía por la puerta y se echó a correr. Marina corrió detrás de él, pero no pudimos alcanzarle y nadie hizo nada para pararlo.

13 Era un hombre joven . . . un chico de unos diecinueve o veinte años.
14 Ayer nos robaron la maleta.

b *Sugerencia*: 14, 5, 4, 9, 13, 7, 3, 8, 10, 12, 1, 2, 11, 6

Secciones D y E *Gramática*

1 **1** g **2** e (f) **3** c (a) **4** h **5** d **6** f (e) **7** b **8** a (c)

2 *Sugerencia*
Ayer les robaron la maleta a Manuel y a su novia Marina. Estaban sentados los dos en la cafetería de la estación, en una mesa, y la maleta estaba en el suelo, a su lado. Entonces dos personas/hombres se acercaron, cogieron la maleta y le pegaron un puñetazo a Manuel. Eran dos hombres, dos chicos de unos diecinueve o veinte años. Los chicos eran bastante gordos y llevaban el pelo muy corto. Llevaban una camiseta blanca, muy sucia y unos pantalones vaqueros muy viejos. Los chicos estaban tomando unas cervezas/una cerveza en la mesa de al lado y se levantaron y cogieron la maleta. Manuel no comprendía por qué le pegaron, porque él no hizo nada cuando los chicos cogieron la maleta. Cuando Manuel y Marina se dieron cuenta, los chicos salían por la puerta y se echaron a correr. Marina corrió detrás de ellos, pero no pudo alcanzarles y nadie hizo nada para pararlos. Ocurrió sobre las diez o diez y cuarto de la noche. Manuel lo sintió mucho por las maletas, eran un regalo de su madre, eran muy bonitas, pequeñas, marrones, de plástico duro, y aunque no llevaban mucha ropa, era ropa que les gustaba mucho; también llevaban libros, cuatro pares de zapatos, una bolsa de aseo, una agenda electrónica y un cargador para el móvil.

Lección 10

Secciones A y B *Actividades*

1 Cuando los padres volvieron a casa, María y sus amigos habían . . .
dejado botellas vacías por el suelo.
roto el espejo.
ensuciado los sofás.
quemado la mesa.
dejado comida en la mesa.
ensuciado la moqueta.
quemado la moqueta.
estropeado el estérco.
roto la televisión.

2 a 2, 6, 5, 1, 3, 4

  b 1 Porque son muy caros.
    2 Los programas suelen ser bastante malos y los buenos los echan muy tarde y se va a dormir porque está cansada.
    3 No tiene mucho tiempo/No dispone de mucho tiempo.
    4 Porque puede hacerlo en casa y es barato ya que trae los libros de una biblioteca.
    5 Los de misterio, los de historia y los que la hacen pensar.
    6 Porque se cansa de leer cosas tristes.
    7 Las de terror con mucha sangre y violencia.

  c 1 leer
    2 ver la televisión
    3 ir al teatro
    4 ver películas en casa, en vídeo
    5 leer el periódico y revistas
    6 ir al cine
    7 ver un documental en televisión
    8 ir a la ópera
    9 leer libros cómicos

3 *Mirar la carta de Actividad 2 para comparar.*

Secciones A y B *Gramática*

1 1 Cuando mi madre y yo llegamos a casa, mi padre ya había hecho la comida.
  2 Cuando vosotros me llamásteis por teléfono, yo aún no había cenado. / yo no había cenado aún.
  3 Cuando yo llamé por teléfono a Carlos, (él) ya había salido de compras.
  4 Cuando la fiesta empezó, Luis aún no había comprado todas las bebidas. / Luis no había comprado todas las bebidas aún.
  5 Cuando mi hermano tuvo el accidente, yo aún no había vuelto de mis vacaciones. / yo no había vuelto de mis vacaciones aún.
  6 Cuando tú entraste en casa, nosotros ya habíamos empezado a comer.
  7 Cuando mis padres llegaron al apartamento, yo aún no lo había limpiado. / yo no lo había limpiado aún.
  8 Cuando los ladrones me robaron el bolso, yo ya había gastado todo mi dinero.

2 a 1 g 2 d 3 b 4 e 5 c 6 f 7 a

  b 1 Leo a menudo. → Leo muchas veces.
    2 A ratos veo la televisión. → A veces veo la televisión.
    3 El teatro me gusta bastante, incluso más que el cine, pero apenas voy. → El teatro me gusta bastante, incluso más que el cine, pero casi nunca voy.
    4 De cuando en cuando veo las películas en vídeo. → Alguna vez veo las películas en vídeo.
    De vez en cuando voy al cine a ver alguna película especial. → Alguna vez voy al cine a ver alguna película especial.
    5 Lo que sucede muy pocas veces. → Lo que sucede no muy a menudo.
    6 Nunca voy a la ópera. → Jamás voy a la ópera.

7 Últimamente he leído bastantes libros cómicos. → Recientemente he leído bastantes libros cómicos.

Secciones C y D *Actividades*

1 a
1 tenía
2 ganaba
3 perdía
4 volvía
5 se enfadaba
6 trabajaba
7 se habían acostado
8 se había dormido
9 regresaba
10 pasaba
11 era
12 llegó
13 se había marchado
14 se había llevado
15 decía
16 encontró
17 se dio
18 había ido
19 había dicho
20 buscó
21 estaban
22 despidieron
23 se quedó

b
1 V: Sí, era un ejecutivo muy ocupado.
2 F: No, sólo si hacía bien el trabajo y ganaba mucho dinero para la empresa.
3 F: Se enfadaba mucho con todos, con su mujer y con sus hijos.
4 V: Sí, su mujer y sus hijos estaban durmiendo/ya se habían dormido.
5 V: Sí, porque se llevaba trabajo a casa y no tenía apenas tiempo libre.
6 F: No, hacía muchos viajes de negocios solo.
7 F: No, su mujer fue a vivir a otra ciudad.
8 V: Sí, se llevó a los niños con ella.
9 F: Ahora aún sigue buscando a su familia.
10 V: Sí, porque dedicaba su tiempo a buscar a su familia.

11 F: Ahora está buscando empleo en otra empresa parecida/similar a la suya.

c
2 una broma
3 la mayoría
4 sigue
5 cualquier tontería
6 jornada de trabajo
7 tensión
8 gritaba
9 le echaban la culpa
10 parte
11 largas temporadas
12 altas horas de la madrugada
13 suegros
14 dejó de
15 dedicaba todo el tiempo
16 imaginaba
17 se quedó sin trabajo
18 parecida
19 empleo
20 regresaba

Secciones C y D *Gramática*

1 Era un niño, ya adolescente, que era muy ambicioso, quería ganar dinero rápido y se introdujo en el mundo de la mafia. Conoció a un mafioso importante de la ciudad donde se basaba la película, y él le fue introduciendo en el campo de la mafia, le fue enseñando los trucos hasta que llegó un momento en que él se hizo el jefe de toda la banda y se hizo el jefe de toda la ciudad.

2
1 Sí. ¡Qué argumento tan interesante!
2 Sí. ¡Qué actores tan extraordinarios!
3 Sí. ¡Qué historia tan extraña!
4 Sí. ¡Qué música tan fabulosa!
5 Sí. ¡Qué protagonista tan guapo!
6 Sí. ¡Qué tema tan difícil!
7 Sí. ¡Qué personaje tan antipático!

Lección 11

Sección A *Actividades*

1 a **1** ten; Recuerda **2** Elige **3** Regala
4 Da **5** Evita **6** Compra **7** Ten
8 exige **9** recuerda; prueba

b **1** f **2** c **3** e **4** h **5** d **6** a **7** b
8 g **9** i

2 a **Aries**: Regálale/Cómprale
Tauro: Dale; haz; marchaos
Géminis: Cómprale/Regálale; Lleva
Cáncer: Pídele; Invítalo/la; tomad
Leo: Vete; cómprale/regálale; tómalo; póntelo
Virgo: Prepárale; comedlo
Libra: Regálale/cómprale; leedla
Escorpio: Llévalo/la
Sagitario: Cómprale/Regálale; marchaos; haz; aguanta
Capricornio: Cómprale/Regálale
Acuario: Cómprale/Regálale
Piscis: Regálale/Cómprale

b **1** Virgo   **7** Sagitario
2 Tauro   **8** Aries
3 Capricornio **9** Géminis; Leo
4 Acuario   **10** Escorpio
5 Libra   **11** Piscis
6 Cáncer

Sección A *Gramática*

1 **1** Cierra la ventana.
2 Ten cuidado con tu trabajo.
3 Cállate cuando habla el profesor.
4 Haz los deberes.
5 Abre la puerta. Están llamando.
6 Repite la frase varias veces.
7 Estudia más; si no, no aprobarás los exámenes.
8 Ven a casa antes.

2 **1** Póntela.   **6** Regálaselos.
2 Dáselos.   **7** Alquílaselo.
3 Explícasela.   **8** Dásela.
4 Escríbesela.   **9** Dáselas.
5 Prepáraselo.   **10** Cómprasela.

Secciones B y C *Actividades*

1 a **1** d **2** a **3** h **4** e **5** b **6** g **7** c **8** f

b **1** Come la comida del mediodía.
2 No comas la fruta como postre, come la fruta en ayunas.
3 Usa el aceite de oliva crudo.
4 Come frutos secos, pero no comas demasiados.
5 Come pescado azul.
6 Come pan.
7 Bebe por lo menos un litro y medio o dos litros de agua al día.
8 Come de todo, haz una dieta variada.

2 *Sugerencias*
1 No ensucies la playa.
2 No malgastes el agua y la electricidad.
3 No molestes a los demás.
4 No olvides las bolsas de basura.
5 No bebas demasiado/mucho.
6 No hagas fuego más que en lugares permitidos/No hagas fuego en lugares prohibidos.
7 No viajes en coche.
8 No hagas ruido.
9 No comas mucho/demasiado.
10 No conduzcas peligrosamente.

Secciones B y C *Gramática*

1 **1** No vayas al cine.
2 No veas esta película.
3 No hagas el trabajo ahora.
4 No compres el coche.
5 No escribas el email.
6 No apagues la luz.
7 No vengas siempre tarde.
8 No cruces por aquí.

2 **1** No vaya (usted) al cine.
2 No vea (usted) esta película.
3 No haga (usted) el trabajo ahora.
4 No compre (usted) el coche.

5 No escriba (usted) el email.
6 No apague (usted) la luz.
7 No venga (usted) siempre tarde.
8 No cruce (usted) por aquí.

3 1 Préstamelo.   2 Pruébatelos.   3 Dámelos.
4 Cámbiatelo.   5 Regálaselo.
6 Cómpramelos.   7 Regálasela.

Secciones D y E *Actividades*

1 vosotros
1 contribuid
2 Llevad
3 Respetad
4 aprended
5 sed
6 Comprad
7 Usad/Utilizad
8 Respetad
9 utilizad/usad
10 Tened
11 Haced
12 recordad
13 Viajad
14 id
15 tened
16 venid

2 ustedes
1 contribuyan
2 Lleven
3 Respeten
4 aprendan
5 sean
6 Compren
7 Usen/Utilicen
8 Respeten
9 utilicen/usen
10 Tengan
11 Hagan
12 recuerden

13 Viajen   15 tengan
14 vayan   16 vengan

Secciones D y E *Gramática*

2 1 Escuchen al profesor.
2 Hablen en voz baja.
3 Salgan por la puerta de atrás.
4 Llamen a los niños.
5 Terminen los deberes.
6 Pongan los libros sobre la mesa.
7 Vengan a comer el domingo.
8 Sean puntuales.
9 Lean este libro.
10 Digan la verdad.

2 1 Poneos el abrigo, si no tendréis frío.
2 Veníos al cine conmigo.
3 Compraos estos collares, son preciosos.
4 Vestíos niños, vamos a salir.
5 Duchaos mientras preparo la comida.
6 Marchaos ya, llegaréis tarde.
7 Cuidaos mucho, no debéis trabajar todavía.
8 Bañaos, el agua está muy buena.

Lección 12

Secciones A y B *Actividades*

1 1 c v   2 h iv   3 a vii   4 e iii   5 f viii
6 b i   7 g vi   8 d ii

2 a 1 comas   2 tiréis   3 mires
4 lleves   5 leas   6 vista
7 conduzca 8 ponga   9 uséis
10 compren 11 pongas 12 dejes

b A: 2, (6), 9, 10
B: 4, 8, 12
C: 1, 5, (6)
D: 3, 7
E: 6, 11

Secciones A y B *Gramática*

1 1 Es mejor que vayas a trabajar pronto.
2 Te aconsejo que hagas los deberes.
3 Te recomiendo que salgas todos los días a pasear.
4 Te sugiero que veas la película, es muy buena.
5 Es mejor que llegues pronto a la reunión.
6 Te recomiendo que pongas las plantas al sol.
7 Te sugiero que traigas a tus amigos a la fiesta.

2 1 Os aconsejamos que vayáis a la montaña.
2 Le sugiero que elija el de recepcionista.
3 Es mejor que le compres un reloj.
4 Os recomiendo que vayáis al teatro.
5 Te aconsejamos que estudies química.

6 Os sugerimos que le deis el premio a Carlos.

7 Te recomiendo que pongas pescado.

Secciones C, D y E *Actividades*

1

1	haya	**10**	existan
2	se recupere	**11**	tengamos
3	pueda	**12**	hagan
4	siga	**13**	gane
5	puedan	**14**	se porten
6	haya	**15**	sean
7	se descubran	**16**	le echen
8	sean	**17**	se acabe
9	haya	**18**	pierda

2 a

	deseo	queja/molestia
general	1,7,15,17	3,5,9,10
personal	2,4,6,8,13	11,12,14,16,18

b 1+9   2+11   3+17   4+16   5+7
       6+12   8+14   10+15   13+18

3

Querido Luis,

Recibí tu carta **hace** una semana, pero no **he podido escribir** antes porque **he tenido** mucho trabajo.

Me dices en tu carta que **tienes** muchos problemas y me **pides** consejo, pero yo no **sé** bien qué **aconsejarte**. Yo **creo** que **es** mejor que **busques** otro trabajo ya que el que **tienes** no te **gusta** y no **es** conveniente que **sigas** en él. **Te aconsejo** que **mires** los anuncios del periódico y que **vayas** a las agencias de empleo. Ellos **te ayudarán** seguramente.

El problema con tu novia **es** distinto. **Te sugiero** que **hables** con ella cuanto antes, y si **crees** que no **la quieres**, **es** mejor que **dejes** de **verla**, al menos por el momento. Dudo que se **moleste** mucho.

Espero que todo **se arregle** pronto porque **quiero** que **seas** feliz.

Un abrazo,
Javier

4 *Sugerencia*

Querido Javier:

Te escribo porque tengo muchos problemas y quiero que me aconsejes. En primer lugar, no me gusta mi trabajo y no sé qué hacer, no sé si seguir en él o no. El otro problema es mi novia, creo que no la quiero y no sé si debo seguir viéndola. Nunca hablamos y creo que ella no me quiere tampoco. No sé qué hacer. Escríbeme pronto por favor.

Un abrazo,
Luis

Secciones C, D y E *Gramática*

1

1 Quiero que mis hijos aprueben los exámenes.

2 Quiero que vosotros vayáis a la universidad y que estudiéis una carrera.

3 Me gustaría que mi hermano encuentre trabajo en una oficina.

4 Deseo que mi hijo viaje al extranjero.

5 Me gustaría que te cases con alguien inteligente.

6 Quiero que mis padres compren una casa grande con piscina.

7 Deseo que mis amigos se compren un coche muy grande.

8 Deseo que vosotros tengáis menos trabajo.

9 Quiero que nosotros ganemos un premio en la lotería.

2

1 estudies; subas

2 quedarme; vengáis

3 pienses; hacer; puedas; quieres

4 pórtate; hagan; te portes

5 acostarme; estaré; llegar; me despidan

6 trabaje; venga; esté; realizar

7 vengas; te presentaré; conozcas

8 volváis; lleguen; podremos/podréis

9 ayudar; apruebe; haga

Lección 13

Secciones A y B *Actividades*

1 1 ¿Podrías abrir la ventana?
2 ¿Te importaría llevarme en tu coche?
3 ¿Podría hacerlo fuera?
4 ¿Tendría la amabilidad de entrar a verle?
5 ¿Querrías acompañarme?
6 ¿Os importaría prestárselos?
7 ¿Les importaría invitarnos a comer con ellos?
8 ¿Querríais venir con nosotros?
9 ¿Os gustaría probarlo?
10 ¿Te importaría explicármela?
11 ¿Podría usted arreglarlo?

2 a

1	encantaría	14	estaría
2	Desearía	15	podría
3	gustaría	16	aprendería
4	sería	17	integraría
5	podría	18	interesaría
6	sería	19	Estaría
7	ofreceríamos	20	aceptaría
8	sería	21	tendría
9	importaría	22	trabajaría
10	querría	23	haría
11	sería	24	haría
12	sentiría	25	importaría
13	sería		

b 1 F: No, el trabajo es de secretaria bilingüe.
2 V: Sí, es una empresa puntera.
3 F: Elisa habla tres idiomas.
4 F: No, querría ganar un buen sueldo en el futuro (a largo plazo), pero ahora no le importaría ganar poco.
5 V: El sueldo que le pagarían en este trabajo no sería muy alto.
6 V: Le pregunta si está segura de que se sentiría a gusto en el puesto.
7 F: Dice que aprendería rápidamente.
8 V: Sí. Dice que se integraría fácilmente en el equipo.
9 F: Dice que puede empezar cuanto antes.

10 F: Dice que viajaría frecuentemente.
11 V: Dice que se adaptaría a cualquier horario.

Secciones A y B *Gramática*

1 1 Brindaría con champán.
2 Viajaría por todo el mundo.
3 Trabajaría en esta empresa.
4 Iría a la montaña.
5 Tendría vacaciones.
6 Leería todo el día.
7 Haría una fiesta.
8 Saldría con mis amigos.

2 1 Sí, vendríamos con vosotros otra vez.
2 Sí, Luis y Sara irían a la piscina con nosotros/vosotros.
3 No, mis padres no podrían comprar este coche.
4 Sí, yo cuidaría al niño esta noche.
5 Sí, comeríamos con vosotros el día de Navidad.
6 Sí, querríamos asistir a la conferencia.
7 No, no te daría más dinero cada mes.
8 No, no diría el secreto.

Secciones C y D *Actividades*

1 *Sugerencia*
Si fuera a Perú visitaría Machu Picchu y sus ruinas incas e iría al lago Titicaca.
Si fuera a Venezuela me bañaría en las cristalinas aguas del Caribe, tomaría el sol en sus playas doradas, atravesaría sus espesos bosques y admiraría sus impresionantes cascadas.
Si fuera a Colombia caminaría por las calles de Bogotá, visitaría sus iglesias y museos. También iría a Cartagena de Indias y vería sus castillos y murallas.
Si fuera a Ecuador recorrería la Amazonia y en sus aguas podría ver caimanes, pirañas y delfines rosas. Viajaría a las Islas Galápagos y vería las tortugas.

■ 1 g Si tuviera dinero invitaría a mis amigos a un restaurante caro.

2 f Si fuera mi cumpleaños me gustaría recibir muchos regalos.

3 k Si tuviera tiempo daría la vuelta al mundo.

4 b Si tuviera mucho dinero compraría una casa enorme.

5 a Si pudiera cambiar de trabajo sería jardinero.

6 h Si tuviera talento musical sería cantante.

7 c Si fuera más amable, tendría más amigos.

8 j Si fuera menos nervioso tendría menos estrés en el trabajo.

9 d Si tuviera tiempo libre los sábados por la mañana iría a la piscina.

10 i Si pudiera salir esta noche iría al teatro.

11 e Si tuviera más energía participaría en la carrera.

Secciones C y D *Gramática*

■ a 1 Si le tocara la lotería a Mari Mar llevaría una vida como la que lleva ahora, montaría un negocio en peluquería, daría trabajo a otras personas, haría viajes, tendría mucha tranquilidad.

2 Si le tocara la lotería a María Jesús compraría un piso muy grande y un apartamento en la playa, viajaría y conocería el mundo.

3 Si le tocara la lotería a Javier viajaría, ayudaría a mucha gente, lo gastaría.

b *Sugerencia*
Si me tocara la lotería yo compraría una casa, ayudaría a la familia y daría parte a los amigos. Pasaría unas vacaciones en el Caribe y desaparecería una temporada en una isla desierta. Tendría un yate de lujo. Saldría a celebrarlo, bebería mucho cava, bailaría, gastaría y compraría más lotería.

■ 1 Si tuvieras una cocina más grande, podrías comer en ella.

2 Si tuvierais un cuarto de baño más grande, podríais tener una bañera muy grande.

3 Si tuvieran un salón más grande, podrían tener muchos invitados.

4 Si tuvieras una terraza, podrías tomar el sol.

5 Si tuvierais un piso en el centro, saldríais todas las noches.

6 Si tuviera una casa, no tendría ruidos.

Lección 14

Actividades y *gramática*

■ 1 c 2 b 3 a 4 c 5 a 6 c 7 a 8 b
9 c 10 b 11 c 12 a

■ 1 El primer ordenador electrónico del mundo se construyó entre los años 1939–1942.

2 El profesor Atanasof y su alumno Berry construyeron este primer ordenador electrónico en Estados Unidos.

3 La primera calculadora se construyó en 1945.

4 Esta primera calculadora que se construyó en Estados Unidos, medía 167 metros cuadrados.

5 Alan Sugar inventó el primer disquete o disco 'floppy', que era un disco de ocho pulgadas y capaz de almacenar 100Kb en 1971.

6 El disquete pequeño, que mide 3,5 pulgadas, lo inventó Sony.

7 El primer disco duro, que sólo almacenaba 5MB y costaba millones, lo inventó en 1956 IBM.

8 El primer disco duro para ordenadores personales no apareció hasta 1980.

9 El 'ratón', que hizo/hacía a los ordenadores más accesibles para millones de personas, lo inventó Douglas C. Engelbart en 1963.

10 La compañía Apple sorprendió al mundo con el ordenador Macintosh en 1984.

11 Ray Tomlinson envió el primer mensaje de correo electrónico desde un ordenador a otro que estaba en la misma habitación en 1971.

12 Aunque los CD ROM, que revolucionaron el mundo de las aplicaciones multimedia y los juegos, no aparecieron masivamente en los ordenadores hasta comienzos de los años noventa, el primer CD ROM, que tenía una capacidad de 550MB, apareció en 1985.

3 a Luis Costanilla: comprar un reproductor de DVD y antes un coche y una televisión
Luisa Garay: pagar una letra del piso, regalos y mazapán
Javier Medina: comprar lotería, ropa en las rebajas y comida especial: mariscos
Juan Carlos Caballeros: Se la gasta antes de tenerla.
Ana García: en esquiar
Ángela Samblas: en pagar sus deudas

b 1 Juan Carlos Caballeros
2 Luis Costanilla
3 Ana García
4 Luisa Garay
5 Javier Medina
6 Ángela Samblas

c 1 Javier Medina: por comprar lotería
2 Juan Carlos Caballeros: una moto, comida y copas
3 Luis Costanilla: porque antes no trabajaba para una compañía
4 Luisa Garay: porque gasta mucho en comprar su casa
5 Ángela Samblas: porque no sabe administrar su dinero
6 Ana García: en coche

4 1 El año pasado mis/unos amigos y yo fuimos de vacaciones al Pirineo.
2 Un día hicimos una excursión y subimos a una montaña muy alta.
3 De repente empezó una gran tormenta, llevábamos poca ropa, llovía mucho y hacía frío.
4 Pero no podíamos parar aunque estábamos muy cansados.
5 Por fin llegamos a un refugio y estuvimos allí hasta que pasó la tormenta.

6 Estábamos muy mojados, teníamos mucho sueño, pero no podíamos dormir.
7 Después bajamos al pueblo, teníamos mucha hambre y cenamos algo caliente.
8 Entonces nos acostamos.

5 1 ¿Qué hacíais cuando el ladrón entró en vuestra casa?
–Estábamos durmiendo.
2 ¿Qué hacías cuando llamé por teléfono?
–Estaba duchándome.
3 ¿Qué hacía Luis cuando le robaron el coche en la gasolinera?
–Estaba pagando la gasolina.
4 ¿Qué tiempo hacía cuando salisteis anoche?
–Estaba lloviendo.
5 ¿Qué hacían los empleados cuando sonó la alarma?
–Estaban hablando de las ventas anuales.
6 ¿Qué hacían los estudiantes cuando entró el profesor?
–Estaban haciendo los deberes.

6 a

1 de	2 de	3 sin	4 en
5 sin	6 Ante	7 sobre	8 para
9 con	10 para	11 a	12 de
13 con	14 de	15 contra	16 a
17 En	18 de	19 de	20 de
21 en	22 por	23 de	24 de
25 para	26 a	27 a	28 de
29 a/en	30 de	31 con	32 a
33 por	34 para	35 por	36 a
37 en	38 contra	39 en	40 de
41 con			

b 1 Tenía veinte años.
2 Desapareció hace diez días.
3 La policía encontró su coche cerca de Barcelona.
4 Encontraron la ropa dentro del coche.
5 La ropa estaba manchada de sangre.
6 Estaba en la playa.
7 Llamó a los padres de Pablo.
8 No, pero cree que quizás unos ladrones le atacaron/atracaron.
9 No se sabe, pero quizás está herido.

7 a 1 Noruega
2 Escalaban una montaña.
3 Hacía mucho frío.

4 Porque hacía tanto frío.
5 Por un tramo más fácil.

b **pretérito**   **pretérito indefinido**
imperfecto   encontramos
tratábamos   llegamos
llevábamos   pudimos
hacía
parábamos
quedábamos   congelados
era   no podíamos
quedábamos   dormidos

8 1 V   2 V   3 F (No sabía idiomas.)   4 V
5 F (Su hermano la presentó al concurso a ella
solamente.)   6 F (La idea se le ocurrió a su
hermano mayor.)   7 F (El concurso era para
encontrar al chico ideal.)   8 F (Su hermano
envió la foto.)   9 V   10 F (El día de la
grabación estaba muy nerviosa.)   11 V
12 F (El chico elegido no le gustaba mucho.)
13 V   14 V   15 F (María va a casarse con
otro chico que encontró en el viaje.)   16 V

9 a **Historia A**
1 fuimos   10 vimos
2 Hacía   11 nos habíamos dejado
3 había llovido   12 Fuimos/
4 se había secado   Habíamos ido
5 había   13 había/hay
6 me di cuenta   14 me di cuenta
7 nos habíamos   15 había cogido
   olvidado   16 cogí
8 fuimos/íbamos   17 Estuve
9 abrir

Historia B
1 era   7 se habían dado
2 fui   8 era
3 habíamos   9 había vuelto
   terminado   10 se asustaron
4 fui   11 empezaron
5 me perdí   12 tardaron
6 estaban   13 pasé

Historia C
1 iba   4 di
2 estaba   5 vi
3 oí   6 Empezó
7 estaba   13 había oído
8 había cogido   14 había visto

9 llevaba   15 miré
10 se acercó   16 vi
11 tocó   17 era
12 asusté   18 había seguido

b 1 A   2 B+C   3 C   4 A
5 A   6 A+B   7 C   8 A+C

10 1 comed   2 coma   3 sal
4 salgan   5 ve   6 vaya
7 vayan   8 ven   9 venid
10 di   11 diga   12 digan
13 tened   14 tenga   15 tengan
16 pon   17 pongan   18 conduzca
19 conduzcan   20 empieza   21 empezad
22 empiecen   23 haz   24 haga
25 hagan   26 cerrad   27 cierre
28 da   29 dé   30 den

11 a 1 Revise   2 Deje   3 Vigile   4 apague
5 Cierre   6 baje   7 mantenga   8 Dé
9 Vacíe   10 Riegue   11 pida   12 diga
13 ponga

b 1 Revisa   2 Deja   3 Vigila   4 apaga
5 Cierra   6 baja   7 mantén   8 Da
9 Vacía   10 Riega   11 pide   12 di
13 pon

12 1 e   2 c   3 b   4 f   5 g   6 a   7 d

13 a 1 g   2 a   3 b   4 e   5 f   6 h   7 d   8 c

b a Para que lleguemos a tiempo.
b Para que oigas la música mejor.
c Para que estés sano.
d Para que te levantes temprano.
e Para que conduzcas mejor.
f Para que veas a los abuelos.
g Para que sepas como llegar.
h Para que durmamos mejor.

14 a 1 No habrá empleos fijos ni carreras para
toda la vida. Habrá que aprender varias
destrezas y aprender a saltar de trabajo en
trabajo, pero no hacia arriba sino
lateralmente.
2 Informática, idiomas, principios básicos de
cómo dirigir / llevar un pequeño negocio
o empresa.

3 Trabajar en equipo, flexibilidad.
4 Haz lo que te gusta, no elijas la carrera pensando en lo económico, sino en lo que te hará más feliz.

b busquen, aprendan, desarrollen, permitan, desarrolles, adquieras, aprendas, conozcas, dirijas, te acostumbres, pares, hagas, elijas

15 **1** Si tuviera dinero me lo compraría.
2 Si pudiera te acompañaría.
3 Si no tuviera que trabajar me quedaría en casa.
4 Si me apeteciera salir esta noche, vería la obra.
5 Si quisiera me iría.
6 Si pudiera beber alcohol tomaría una cerveza.
7 Si fuera el mío me lo llevaría.
8 Si estuviera en casa hablaría con él.

16 **a**

Planes		La realidad
5.15	Levantarse	Se levantaron
5.30	Preparados Félix y Susana	Se prepararon Félix y Susana
5.30	Él: bajar el equipaje al coche Élla: preparar el desayuno de los niños y guardarlo en el termo	Él: Él bajó el equipaje Ella: Ella preparó el desayuno de los niños
5.45	Llevar los niños dormidos al coche	Los niños se despertaron en el ascensor
6.00	Salir en el coche	Salieron en el coche
10.30	Estar en el hotel de San Juan	Estaban todavía en la carretera

b **1** calculado **2** el equipaje **3** se pondrían en camino **4** según lo previsto **5** un camino de rosas **6** presagios **7** autovía **8** la caravana **9** matrícula

17 **1** V
2 V
3 F: No hay suficientes. Se necesitarán más.
4 F: Tiene un nivel bueno pero habría que mejorarlo.
5 V
6 F: A veces cruzan sin tener cuidado.
7 V
8 V
9 F: Es una ciudad pequeña y las distancias no son largas.

18 **1** c **2** d **3** b **4** g **5** a **6** e **7** f

19 **1** g **2** d **3** e **4** f **5** b **6** a **7** c

20 **Formal:** **1** Venga; Llévese **2** Viva; vaya; venga; Acuérdese **5** Hable; Estudie; Exija; Venga **7** Plante; disfrute
Informal: **3** Juega; trabaja; Cambia; Ven **4** Encuentra; Viste **6** Encuentra; busca; Sé; entra

Test Cultural

1 b **2** a **3** c **4** b **5** c **6** c **7** a **8** c **9** c **10** a **11** c **12** b **13** b **14** c **15** b **16** a **17** b **18** c **19** a **20** b